CASEBOOK,
OMNICHANNEL
AND
CUSTOMER STRATEGY

ケースブック
オムニチャネルと
顧客戦略の現在

KONDO Kimihiko　NAKAMI Shinya
近藤公彦＋中見真也［編著］

千倉書房

まえがき

2020年に全世界を覆った新型コロナウイルスの感染拡大は、経済、社会に劇的な影響をもたらした。小売業もその例外ではなく、むしろコロナ禍の影響を最も受けた産業の１つである。米国の複数の大手老舗百貨店が経営破綻に追い込まれたことは記憶に新しい。一方、コロナ禍において大きく変容した小売業や消費者行動は、ニューノーマルとして新たな価値基準・行動基準として定着しつつある。

こうした環境の激変のもとで、小売業のオムニチャネル化もまた一挙に進展し、実践においてもアカデミアにおいても小売業の前提は今や、実店舗、EC、ソーシャル・メディアを活用するオムニチャネルとなっている。オムニチャネルとは、「実店舗、EC、ソーシャル・メディアなどすべての取引／コミュニケーション・チャネルを統合的に管理し、顧客にシームレスな買い物体験を提供する全社的な顧客戦略[1]」を意味する。コロナ禍における対応の成否は、このオムニチャネル化への推進の程度に決定づけられた、といっても過言ではない。そしてこのオムニチャネルの実践を支えているのが、デジタル・トランスフォーメーション（digital transformation、以下 DX）である。オムニチャネル化と DX は表裏一体であり、小売業の顧客管理、商品管理、チャネル管理、あるいはロジスティクス管理において DX は不可欠であり、この意味で DX はオムニチャネル化の必要条件といえる。

DX について包括的な定義を行っている経済産業省（2020）によれば、DX とは、「企業がビジネス環境の激しい変化に対応し、データとデジタル技術を活用して、顧客や社会のニーズを基に、製品やサービス、ビジネスモデルを変革するとともに、業務そのものや、組織、プロセス、企業文化・風土を変革し、競争上の優位性を確立すること[2]」と定義される。この定義から推察されるよ

1　近藤公彦・中見真也編（2019）、『オムニチャネルと顧客戦略の現在』千倉書房、における定義に加筆。

うに、DX は単にデジタル技術の導入にとどまらず、ビジネスモデルや企業そのものの変革に及ぶ。

逆に言えば、DX を取り入れ、ビジネスモデルや企業の変革に踏み込めない企業は、早晩、市場から淘汰される。このことを端的に物語っているのが、スイスのビジネススクール IMD の研究機関 IMD Global Center for Digital Business Transformation を中心とした調査研究レポート「デジタルの渦」（digital vortex）である。この渦の中心部に近いほど、デジタルを競争優位とした企業やビジネスモデルにより、既存の企業や産業が破壊されてしまうリスクが大きくなる。デジタル・ディスラプション（digital disruption）と呼ばれる現象である。この最新レポートである「Digital Vortex 2023」（Lin & Shan 2023）によれば、小売業は、技術製品・サービス、教育、金融サービス、通信、専門サービスに次いで、6 番目にリスクが高い。

これまでのレポートでは、小売業のリスクの順位は2017年 3 位、2019年 4 位、2021年 2 位と上位にあった。前述のように、小売業はコロナ禍の影響を最も受けた産業である。実際、コロナ禍において EC 比率は大きく伸張し、それに伴って DX も急速に拡大していった。コロナ禍を経た2023年版で順位を下げたのは、こうした DX の取り組みが時間軸で遅れた他の産業のデジタル・ディスラプションのリスクが相対的に高まったことによるものと指摘されている。

さて、本書は、こうした小売業を取り巻く環境の激変において、DX を業務プロセスと顧客価値の革新のための手段として取り込みつつ、小売業が推進するさまざまなオムニチャネル戦略の諸相を事例を通じて捉えることを目的としている。

第Ⅰ章「オムニチャネル・プラットフォーマー－株式会社パルコ－」では、パルコが都市型ショッピングセンターとして、どのようにオムニチャネルを推進し、テナントと顧客を実店舗とネットで結びつけるオムニチャネル・プラットフォーマーへと進化してきたのかについて、PARCO という「館」とテナン

2　経済産業省（2020)、『「DX 推進指標」とそのガイダンス』。(https://www.jimga.or.jp/files/news/jimga/200909_meti_guidance.pdf)

トからなるオムニチャネルの二重構造に注目しながら検討する。

第Ⅱ章「デジタル戦略推進と自社改革－株式会社カインズ－」では、ホームセンター企業であるカインズのオムニチャネル化プロセスにおいて、同社がデジタル能力をどのように構築してきたのか、そしてどのようにしてデジタル化を全社的な改革として推進してきたのかに注目し、顧客価値の向上とそれによる企業成長を図るために、組織改革から店舗現場への落とし込みまで、愚直にデジタル化を徹底することの重要性を指摘する。

第Ⅲ章「オムニチャネル行動による売り場提案の変革－株式会社サンキュードラッグ－」では、福岡県北九州市に展開するドラッグストアチェーン、サンキュードラッグの「潜在需要発掘研究会」に焦点を当て、そこでのID-POSデータに基づく協働型MDが顧客データの活用がリージョナル・ローカルチェーンの企業間の垣根や壁を越えて、売り場をどのように変革したのか考察する。

第Ⅳ章「店舗を軸にした顧客との『つながりの場』と支えるデジタル活用－株式会社良品計画－」では、生活雑貨専門店・良品計画のオムニチャネル化プロセスをたどることにより、そのプロセスがある種の理想型に向けて合目的的に推進されてきたわけではなく、顧客利便性や顧客経験の向上を追求するなかで、チャネル構築とチャネル連携が試行錯誤的に進められてきた結果によるものであることが示される。

第Ⅴ章「店舗従業員を基点としたオムニチャネル戦略－株式会社ビームス－」では、セレクトショップ・ビームスのオムニチャネルの発展プロセスを考察し、オムニチャネルの担い手である店舗従業員へのインターナル・マーケティング、店舗、店舗従業員、およびサプライチェーンの連携、メディア・コマースにおける店舗・商品の統括部門とEC部門間の連携、そして顧客IDの統合など、オムニチャネル化に有用な知見を導出する。

第Ⅵ章「“Omni-Guest Experience”を実践する－lululemon athletica inc. －」では、米国で急成長を遂げているスポーツウェア・ブランド、lululemonを取り上げる。CX（顧客体験）、EX（従業員体験）、そしてSX（店舗体験）の交差をオムニチャネルとして捉え、そこにチャネルの統合価値が存在することを指摘し、オムニチャネル化の目的が販売チャネルの変革ではなく、オムニゲスト経験と筆者らが規定する顧客体験のオムニチャネル化であるという視点を提示する。

第Ⅶ章「IMC を加速させるサードパーティー－株式会社バニッシュ・スタンダード－」では、オンライン接客アプリケーションサービス「STAFF START」を提供するバニッシュ･スタンダートを取り上げる。同社の特長は、実店舗の販売員をオムニチャネル化し、企業、販売員、そして顧客のエンゲージメントを向上させることにあり、これによる顧客起点のオムニチャネル IMC（integrated marketing communication）の重要性を指摘する。

第Ⅷ章「オムニチャネル化における阻害要因の克服―株式会社レリアン―」では、老舗の婦人服ブランド・レリアンの歴史のなかで蓄積された経営資源や能力、あるいは業務の仕組みがオムニチャネル化をどのように阻害するのかに注目し、その要因を人、組織の要因から整理し、そうした阻害要因を同社がどのように克服しているのかを明らかにする。

本書の各章で取り上げ、検討するオムニチャネルの視点は多様である。その多様さこそ、オムニチャネルの活動の広がりを反映したものであり、読者自身がこれらの事例からさまざまな洞察を引き出だすことを期待している。

本書は、日本マーケティング学会リサーチ・プロジェクトであるオムニチャネル研究会の成果である。オムニチャネル研究会は、アカデミアと実務で活躍するメンバーからなる産学間共同の研究組織として2015年11月に活動を開始し、ほぼ毎月の定例研究会を通して研究を蓄積してきた。その成果は、2019年に刊行された『オムニチャネルと顧客戦略の現在』（千倉書房）に結実し、幸いなことに高く評価され、2020年の日本マーケティング学会マーケティング本大賞に選出いただいた。

同書がオムニチャネルの学術的な考察であったのに対し、本書は、学術的な背景を踏まえつつ、特徴的なオムニチャネル戦略を取る小売企業がどのようにオムニチャネルを推進しているのか、またそこにどのような課題があるのかを事例を通じて明らかにすることを目的としている。『オムニチャネルと顧客戦略の現在』の姉妹書として、本事例編が多くの読者の実務や研究への豊かな示唆を提供することができれば幸いである。

　最後に、今般の出版事情の厳しい折、本姉妹書の出版に大きな理解をいただき、出版に向けて高配をいただいた千倉書房社長・千倉成示氏、ならびに大きな期待を持って本書を待ち望み、編集に多大な労をおとりいただいた同社編集部長・神谷竜介氏に対し、執筆者一同深くお礼を申し上げる次第である。

2023年11月

執筆者を代表して

日本マーケティング学会リサーチ・プロジェクト

オムニチャネル研究会リーダー

近藤公彦

ケースブック

オムニチャネルと顧客戦略の現在

目次

まえがき …………………………………… III

第 I 章 オムニチャネル・プラットフォーマー ——株式会社パルコ —— 002

1 はじめに …… 002
2 オムニチャネル化のプロセス …… 004
3 新生　渋谷PARCO …… 015
4 オムニチャネルを支えるバックヤードシステム …… 018
5 まとめと課題 …… 022

第 II 章 デジタル戦略推進と自社改革 ——株式会社カインズ —— 026

1 はじめに …… 026
2 カインズの軌跡 …… 027
3 カインズのデジタル戦略 …… 032
4 デジタル戦略から成果を導くポイント …… 037
5 まとめ …… 040

第 III 章 オムニチャネル行動による売り場提案の変革 ——株式会社サンキュードラッグ —— 043

1 はじめに …… 043
2 サンキュードラッグの活動 …… 044
3 企業の売り場提案 …… 048
4 まとめ …… 053

第IV章 店舗を軸とした顧客との「つながりの場」と支えるデジタル活用 —— 059
——株式会社良品計画

1 はじめに …… 059
2 オムニチャネル化前史：無印良品の軌跡とチャネル連携 …… 063
3 オムニチャネル化の取り組みと無印良品の現在 …… 072
4 無印良品のオムニチャネル戦略 …… 077
5 おわりに …… 080

第V章 店舗従業員を基点としたオムニチャネル戦略 —— 082
——株式会社ビームス

1 はじめに …… 082
2 ビームスの概要：
歴史的発展過程を踏まえた先行研究からの知見の援用 …… 084
3 ビームスのオムニチャネル戦略 …… 089
4 まとめと課題 …… 100

第VI章 "Omni-Guest Experience" を実践する
——lululemon athletica inc. —— 102

1 Communityを核としたlululemon …… 102
2 lululemonの戦略解釈 …… 109
3 オムニチャネルは戦略にあらず …… 114
4 オムニチャネル化がもたらす企業変革：
真の顧客中心主義の実現 …… 116

第VII章 IMCを加速させるサードパーティー
——株式会社バニッシュ・スタンダード —— 122

1 はじめに …… 122
2 バニッシュ・スタンダード「STAFF START」とは：
店舗スタッフ基点のオンライン接客ツールによる
"売場" 機能の拡大 …… 126
3 「STAFF START」の導入事例 …… 133
4 カスタマー・ジャーニーを意識したIMCを
実現するための要因とは …… 138
5 IMCを可能にするEX基点のマネジメントとは …… 142

第VIII章 オムニチャネル化における阻害要因の克服
——株式会社レリアン —— 144

1 はじめに …… 144
2 オムニチャネル化のプロセス …… 145

3　学び …… 151
4　オムニチャネル化推進プロセス …… 154

参考文献 …… 159

ケースブック
オムニチャネルと顧客戦略の現在

第 I 章 オムニチャネル・プラットフォーマー
――株式会社パルコ

1 はじめに

オムニチャネルのメインプレイヤーは、言うまでもなく小売企業である。百貨店、専門店、コンビニエンスストア、ネット小売業等、ほぼすべての業態が、程度の差はあれ、オムニチャネルを実践しているといえるだろう。オムニチャネル研究は、こうした特定の業態に属する小売企業を暗黙の前提として展開されてきた。しかし、個々のプレイヤーが階層をなしつつ、全体として統合的なオムニチャネルを遂行する業態がある。それがショッピングセンターである。

株式会社パルコを取り上げるのは、第1に、同社が日本における都市型ショッピングセンターの代表的事例であり、第2に、デジタル技術を駆使したオムニチャネル戦略を実践してきた先端的事例であるからである。

第1の点に関して、ショッピングセンターはオムニチャネル・プラットフォーマー（omnichannel platformer）として対テナントと対顧客について二面市場（two-sided markets）を有し、テナントと顧客の双方に価値を提供している（Frishammar et al. 2018）。ここでオムニチャネル・プラットフォームとは、商品・サービスのサプライヤー（テナント）とその買い手（顧客）との間のタッチポイントを店舗、EC、あるいはソーシャル・メディアを通じて提供し、シームレスな買い物体験を促進する小売環境を意味する（cf. Hsia et al. 2020；Shi et al. 2020）。オムニチャネル・プラットフォーマーは、こうした環境をテナントと顧客の双方に提供するアクターである。

図1に示すように、一般的に言えば、このオムニチャネル・プラットフォー

図1　ショッピングセンターの取引／コミュニケーション・チャネル

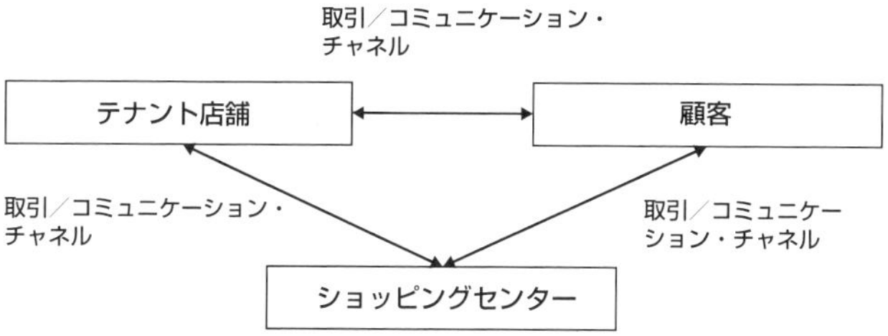

注：Frishammar et al.（2018）の図に加筆修正。

出典：Frishammar, J., Cenamor, J., Cavalli-Björkman, H., Hernell, E., & Carlsson, J.（2018）. Digital strategies for two-sided markets：A case study of shopping malls. *Decision Support Systems, 108*, Fig. 2 , p.41.

ムとしてのショッピングセンターには、以下のような取引／コミュニケーション・チャネルが存在する。ショッピングセンターはまず、テナントとの間で出店料や各種サービス料の形で取引チャネル、そして顧客、商品、イベント等に関わるさまざまなマーケティング情報を交換するコミュニケーション・チャネルを形成している。一方、ショッピングセンターと顧客との間では、ハウスカードの年会費等で取引チャネルが発生し、またコミュニケーション・チャネルを通じて商品、店舗、イベント等の情報が顧客に提供され、顧客からは属性や商品・サービスの購買・利用情報がショッピングセンターに伝達される。そしてテナントと顧客の間では、商品やサービスの購買・利用により取引チャネルが成立し、商品、店舗、イベント等の情報に関わるコミュニケーション・チャネルが形成される。

第2の点について、パルコは2019年11月にリニューアルオープンした渋谷PARCOを「リアルとデジタルが融合した次世代型商業施設」と位置づけるように、これまでショッピングセンター・パルコのデジタル化とそれに基づくオムニチャネル化を先進的に推進してきた。小売業における近年のデジタル化は、セルフレジ、デジタル・フィッティング、デジタル・サイネージ等の導入により急速に進み、顧客の買い物体験を革新しつつある。さらにバックヤードでは、

AI（人工知能）を用いたチャットポッドによる自動応答システムやAIカメラによる顧客動線の追跡、ロボットや自動運転によるロジスティクスの効率化が図られている。

こうしたデジタル化は、ショッピングセンターにおいても不可欠な取り組みであり、デジタル環境下における新たなショッピングセンターの形態が模索されている。スマート・ショッピングモール（smart shopping mall）とも呼ばれるその形態は、「さまざまなデジタル技術を用いて、物的環境と仮想環境を統合するショッピングモール」（Ameen et al. 2021）として、大きく注目されている。以下で紹介するように、パルコのデジタル化によるオムニチャネル・プラットフォーマーへの発展プロセスは、スマート・ショッピングセンターに類する先端的な事例として位置づけることができる。

この章では、次のようなリサーチ・クエスチョンを設定し、オムニチャネル・プラットフォーマーとしてのパルコの取り組みを考察する。

・パルコはオムニチャネル・プラットフォーマーとして、オムニチャネルをどのようにとらえ、どのように推進してきたのか。
・その推進プロセスにおいて、パルコは、「館」としてどのようにテナントと協調し、どのような買い物体験を顧客に提供しているのか。

2 オムニチャネル化のプロセス

1 ▸▸▸ パルコの概要

株式会社パルコの歴史は1953年、池袋ステーションビルの開設に始まる。翌1954年、駅ビル運営から百貨店事業へと転換し、1957年、東京丸物を開業した。その後、ファッションのショッピングセンター業態を開発し、1969年、第１号店となる池袋PARCOを開業した。ちなみに、PARCOという店名は、「公園」を意味するイタリア語「PARCO」に由来する。1970年代に入ると、首都圏を中心としながらも、札幌を皮切りに全国の大都市を中心に店舗展開を進め、

2023年４月現在、PARCO17店舗を運営している。また同社はショッピングセンターのPARCOだけでなく、PARCO劇場やPARCO出版をはじめ、早くから文化事業も数多く手がけてきており、とくに基幹店の渋谷PARCOは渋谷カルチャーの代名詞的存在である。2020年、大丸松坂屋百貨店などを傘下にもつJ.フロント リテイリングの100％子会社となり、同社の中核事業としての役割を担うことになった。

2 ‣‣‣パルコショップブログ

パルコが実店舗からECへとマルチチャネル化に乗り出したのは、2007年４月に開設されたオンライン・ショッピングセンター「PARCO-CITY」に始まる。当初は、パルコに店舗をもつテナントのみが出店できるサイトであったが、2011年のリニューアルからはパルコに出店していないブランドなども出店できるようになった。

2008年、iPhoneを皮切りに日本でも発売が開始されたスマートフォン（以下、スマホ）が急速に普及しつつあり、それにともなってECサイトで商品を見たのをきっかけに実店舗に行ったり、実店舗で気になった商品をECで注文するというように、消費者の購買行動に大きな変化が起こり始めていた。こうしたなか、パルコではショッピングセンターの営業時間外でも顧客とのタッチポイントを絶やさないための新たなコミュニケーションのあり方が模索された。

パルコは2012年春、デジタル分野に明るい社員を部門を超えて集め、「WEB戦略プロジェクト」を立ち上げた。このプロジェクトにおいてマルチチャネルからよりチャネル統合度の高いオムニチャネルに向けて本格的な取り組みが始まり、顧客コミュニケーションの改革プランが取りまとめられた。翌2013年３月、このプランを実行する組織「WEBコミュニケーション部」が発足し、その後のパルコのオムニチャネル、デジタル・トランスフォーメーションを牽引することになる林直孝氏[1]が部長に着任した。

1　林氏はその後、パルコ執行役を経て、2022年から持株会社のJ.フロント リテイリングに異動し、2023年４月現在、執行役常務グループデジタル統括部長を務めている。

2013年は、パルコのデジタル改革の嚆矢となる画期的な年となる。

この時期、テナントが顧客に向けて商品・ブランドの情報を発信する手段として、ブログが一般的になってきていた。WEBコミュニケーション部は、そうした情報発信のプラットフォームをパルコが用意することで、ブログ上でのオンライン接客が成立し、結果としてテナントの売上げと顧客満足の向上につながるのではないか、という仮説を立てた。この仮説のもと2013年、約3,000のテナントの情報や商品の特徴、アイテム写真などを掲載した「パルコショップブログ」を全国19（当時）のPARCOのウェブサイトに展開した。同時に、PARCOの店舗ごとにTwitter（現X）、Facebook、LINE、Google＋の4つのSNSアカウントの運用を開始し（その後、Instagramが加わる）、PARCOのウェブサイトだけではなく、顧客のSNSにタッチポイントを拡大した。

林氏は、このパルコショップブログの実装によって、PARCOの接客と顧客の買い物体験が変わったという。

店員さんは、お客さまが「ブログを見てきました」と言った瞬間に、「商品を買いたい」という意思が強いことが分かるので、その商品についてしっかり説明するところから接客を始められるんです。これによって「接客の質が変わった」という声は多かったですね。ブログの実装は、来店してくださる方を増やすだけでなく、買上率の向上につながる取り組みにもなりました[2]。

パルコは2013年春から秋にかけて、全国のPARCO店舗のウェブサイトを順次リニューアルし、これに合わせて、「PARCO SHOW WINDOW」というオンライン・サービスを導入した。ここにはパルコのECサイトPARCO-CITYとテナントの自社ECの商品情報の一部が掲載されており、より詳細な情報が欲しい場合には、PARCO-CITYやテナントのECサイトに飛べるよう

2　林直孝、「データ活用の取り組みに『失敗』はない　パルコの執行役員、林直孝氏に聞く、「データドリブンなサービス開発」の舞台裏」、データの時間、2020年7月1日。（https://data.wingarc.com/parco-hayashi-26909）

にリンクが張られている。また、このサービスを通じて顧客が実際にECで購入に至った場合には、パルコにアフィリエイト収入が入る仕組みとなっている。ショッピングセンターが運営するウェブサイトからテナントのECサイトに送客するこうしたサービスは、「顧客がPARCOやテナントに来店する機会が減ってしまう」という店舗とECのカニバリゼーションのリスクを覆す画期的なものであった。パルコが重視したのは、そうしたリスクよりも「ウェブで多くの商品をよく知ってもらうことが、最終的には実際に店頭で見て、手で触れて、納得して購入するという行動を促進する効果が高いだろう[3]」と考えたからである。

さらに、こうしたウェブサイト上の商品情報を実店舗でも提供するため、渋谷PARCOに双方向型デジタル・サイネージ「P-WALL」が設置された。P-WALLでは、PARCO SHOW WINDOWと連携している渋谷PARCOのテナントの商品情報が一覧表示され、顧客が気になった商品をタッチすると、その商品が拡大表示されたり、その商品を取り扱うテナントの所在などが表示され、テナントへの誘導が図られた。

3 ▸▸▸ 24時間PARCOとカエルパルコ

2013年、パルコは顧客とのタッチポイントを常時化する「24時間PARCO」を打ち出し、このコンセプトを具現化した新サービス「カエルパルコ」をリリースした。

24時間PARCOは「店頭接客とウェブ接客に総合的に取り組み、新たなコミュニケーションや購入体験を提供する[4]」というコンセプトのもと、オムニチャネルの焦点を商品ではなく顧客を軸に捉えること、そしてデジタル技術を活用して販売環境の整備・拡大と接客の拡張をはかることを特長としている（**図2**

3　24hour IT People、「PARCOさん、スマホアプリって 本当に効果がありますか？」、2016年10月26日。（http://24houritpeople.com/app-051/）

4　林直孝、「パルコのDX戦略に見るリアル店舗に求められるデジタル化」、BiND CAMP、2020年4月2日。（https://bindup.jp/camp/marketing/26424）

図２　24時間 PARCO の概念図

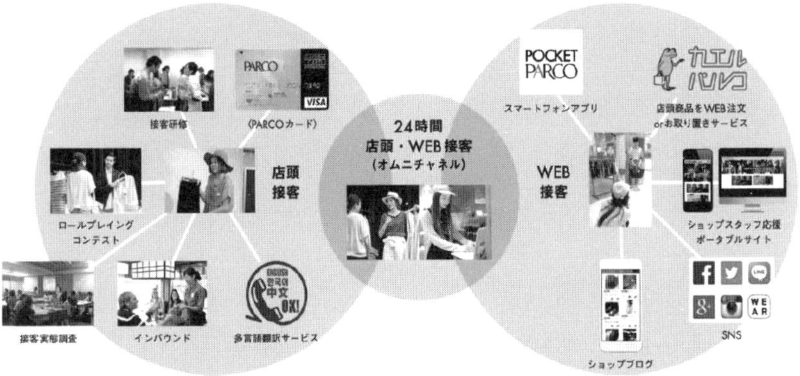

出典：株式会社パルコ報道資料「スマートフォンアプリ『POCKET PARCO』リニューアル版を公開」2016年３月18日。（https://www.parco.co.jp/pdf/jp/20160317_pocketparco.pdf）

参照）。誰が、いつ、どこで、何を買ったかは小売業にとって最重要の顧客・購買情報であるが、この情報の収集可能性がデジタル化によって飛躍的に高まり、個客レベルで商品・ブランドの購買行動を捕捉することができるようになった。また、店頭での接客は営業時間や商圏という時間的・地理的条件に制約されるが、オンライン接客は24時間いつでも、どこでも可能となる。パルコがオムニチャネルを実現するためには、テナント・スタッフの接客を中心に置き、店舗とオンラインの双方で接客できる仕組みが必要と考えたのである[5]。林氏は当時、次のように述べている。

我々が取り組みを始めた５年前（2013年—筆者注）は、オムニチャネルは、ネットとリアル（実店舗）をシームレスにつなぎ、どちらでもお客様が好きな場所とタイミングで商品を購入できることとされていました。我々のビジネスモデルは小売と不動産のハイブリッド。商品在庫を持って販売するビジネスモデルではありません。そこ

5　林直孝、「パルコのデジタル戦略『24時間 PARCO』　成功への着実ステップ」、日経クロストレンド、2019年02月21日。（https://xtrend.nikkei.com/atcl/contents/18/00080/00010/）

で我々は、テナントの販売スタッフの「接客」をオムニチャネルの中心に据えたのです[6]。

一方、ブログによるオンライン・コミュニケーションが活発になるにつれて、ブログが来店のきっかけとなったり、ブログに掲載された商品・ブランドについての問い合わせや、店舗での取り置き、ECでの購入依頼が増え、ブログによる顧客への情報提供が購買につながることが明らかになった。これを受けてパルコは2014年5月、ショップブログにカートボタンによるウェブ注文機能やウェブ取り置き機能を新たに搭載した。この新機能の追加により、ショップブログはこれまでのコミュニケーション・チャネルから、販売も含めたより多様な機能をもった販売／コミュニケーション・チャネルに進化した。24時間PARCOのコンセプトを具現化したカエルパルコの誕生である。カエルパルコというネーミングには、ネットで「買える」、取り置いた商品を店頭で買って「持ち帰る」という2つの意味があるという[7]。

当時、林氏はカエルパルコの役割について次のように述べている。

カエルパルコの役割というのは、店頭にあるたくさんの商品を多くの方に買っていただくための情報発信よりも、顔が見えている、もしくは見えていないけれど、シンプルに関心を持ってくださっている方に対して、店頭と同じように、個別で接客するのに使っていただくというもの。そうなると、やはり商品画像のサムネイルよりは、スタッフさんが実際に着用したコーディネイト画像で、コミュニケーションをとっていただくという使い方が適していると感じています[8]。

6　ビジネス＋IT、「林直孝氏に聞く“パルコ流”デジタル戦略―『思わぬ出会い』波動生み出す？」、2018年11月12日。(https://www.sbbit.jp/article/sp/35562#continue_reading)

7　BiND CAMP、「パルコのDX戦略に見るリアル店舗に求められるデジタル化」、2020年4月2日。(https://bindup.jp/camp/marketing/26424)

8　川添隆（2018)、「パルコ　林直孝さんと　アパレルにおける『実店舗』と『EC担当者』の役割」『「実店舗＋EC」戦略、成功の法則』翔泳社、131ページ。

先にPARCO SHOW WINDOWの説明でも触れたように、店舗小売企業がECという新たなチャネルをつくる際、最も懸念されるのが、ECに顧客が流れ、結果として店舗の売上げが減少してしまうというカニバリゼーションである。しかし、カエルパルコの場合、両者は相関・補完関係にあるという。カエルパルコの購買データからは、PARCOの営業時間外の売上げは約40%と半分以下であり、一方、来店者が増える夕方以降の時間帯では、カエルパルコの売上げは落ちていることが示された。この点について林氏は、顧客は「店舗とECで売上げを取り合っているのではなく、顧客自身のライフスタイルに合わせて使い分けている」と解釈している[9]。

さらにショッピングセンターの場合、運営者の商業施設全体、すなわち「館」とテナントとの間で起こりうるカニバリゼーションがある。つまり、パルコが運営するカエルパルコのECの売上げが、出品するテナントの売上げを削いでしまうという可能性である。これについてカエルパルコは、受注した商品はテナントから発送され、その売上げをテナントに立たせる、いわゆる関与売上げによって、カニバリゼーションを回避している。またこの仕組みにより、パルコのECサイトにテナントが自社ブランドを進んで出品するように誘導することができる[10]。

また、カエルパルコでの取り組みの成功事例をテナント・スタッフに動画で説明してもらい、全国のPARCOで紹介することで、その効果をPARCOのテナント全体に浸透させていった。一方、2015年1月、カエルパルコにリソースを集中させるため、2007年に開設されたパルコのECサイト、PARCO-CITYは発展的にサービスを終了した。

9　林直孝、「顧客との接点を拡張、可視化。Web接客の可能性に迫るパルコのデジタルマーケティング」『SC JAPAN TODAY』2017年4月号、21ページ。

10　その後、テナントとのデータ連携が行われるようになり、テナントによる商品登録や在庫更新の業務負担が軽減されるようになった。

4 ▸▸▸ POCKET PARCO

PARCO に訪れた顧客がどのテナントで購入したかはハウスカードの決済データ等から把握することができたが、来店前後にどのように行動しているかは補足できなかった。そのため、顧客コミュニケーションの手段であるカエルパルコの価値をさらに進化させるツールとして2014年11月、福岡 PARCO を皮切りに（2015年3月全国展開）導入されたのが、公式スマホ・アプリ POCKET PARCO である。

リリース当初の機能はクリップ（Clip）、チェックイン（Check in）、そしてコンバージョン（Conversion）の3つで、頭文字を取って「CCC モデル」と呼ばれた。クリップは、パルコのオリジナル記事やテナントのブログで紹介されたテナントや商品をお気に入り登録（クリップ）して、買い物の参考にするとともに、PARCO の買い物で使える PARCO ポイントと交換できる「コイン」を獲得することができる。チェックインは、PARCO の館内でアプリを起動するとチェックインがなされ、顧客の来店が検知される。またコインをチェックイン時にも付与することで、アプリの起動が促される。さらに月の規定回数以上チェックインすればボーナスが付与され、来店頻度を高める誘因となった。コンバージョンとは、接客や購入などの買い物体験を指す。

このアプリを PARCO カードと連携させれば、パルコはアプリの顧客データとカードの購買データを紐づけることができる。こうした CCC の流れは、情報収集から来店、購買に至るまでの一連のカスタマージャーニーを描き出している。CCC 機能の導入によって、パルコはクリップやチェックインした顧客の実際の購買の有無等、「誰が、いつ来店し、どの店で、いくらの買い物をしたか、あるいはしなかったか」といった顧客の行動・購買情報を可視化できるようになった。こうして蓄積されたデータは、オムニチャネル接客をはじめ、種々の取り組みに活用される。

その後、POCKET PARCO にはウォーキング（Walking）とサービス評価（Star rating）の機能が追加され、CCWCS モデルへと進化した（図3参照）。ウォーキング機能は「PARCO WALKING COIN」と呼ばれ、スマホの歩数カウント機

図3　CCWCS モデル

出典：安藤彩子（2021）、「顧客理解深化による LTV 向上を目指す、パルコ CRM の CDP 活用」PLAZA、2021年12月14日。（https://plazma.red/plazma20-casestudy-parco/）

能を用いて、PARCO へのチェックイン後に館内を500歩歩くと500コイン（5円相当）が付与される仕組みである。これまでのデータ分析から、ウォーキング機能を使う顧客の買い回りテナント数が非利用者に比べて2倍に増えたり[11]、客単価が2～3割増加する[12]など、ウォーキング機能は顧客に館内を回遊してもらい、新たなテナントや商品に出会う機会を生み出すことが明らかになっている。

サービス評価は、購入した商品ではなく、買い物体験を5段階の☆の数で評価してもらう機能である。CCC モデルでは購買に至るまでの行動データしか取れなかったが、これに購買後の顧客の声を聞くフローを組み込んだ。こうし

11　林直孝、「デジタルの力でリアルでの体験を最大化する『渋谷 PARCO』─次世代の商業施設のかたちとは」、GENBA、2019年12月17日。（https://gemba-pi.jp/post-204109）

12　「店舗は“売る”から体験提供、“個客理解”の場へ　PARCO が取り組む OMO とは」、Markezin、2021年3月22日。（https://markezine.jp/article/detail/35662）

13　さらに2019年10月には、獲得したコインのランクに応じたポイント付与や、次回以降のショッピング時のポイント利用ができる QR コード決済「ポケパル払い」が導入された。

た館内滞在中と購買後の顧客データを収集・分析することにより、CCWCS モデルではさらに「個客理解」が深まり[13]、買い回りを促す施策などさまざまな取り組みに活かされている。

テナントとの間で共有されるのは、POCKET PARCO から得られた数値的な顧客・購買データにとどまらない。2015年９月に開設されたテナント・スタッフ応援ポータルサイト「SUTEKI LABO」（ステキラボ）では、オンライン接客に長けたテナント・スタッフのインタビュー動画、ロールプレイングコンテストで入賞したスタッフによる解説付き動画など、数値化されない優れた取り組み、販売のノウハウが提供される。

また、SUTEKI LABO 開設と同時に導入されたのが、パルコとテナントをオンラインでつなぎ、スタッフの事務作業を軽減することを目的とした「パルコ SC グループウェア」である。ここでは、パルコとテナントのスケジュールを管理するスケジュール機能、パルコとテナントがメッセージを受送信できるメッセージ機能、パルコからのアンケートへの回答やメディア掲載原稿の提出ができるアンケート機能、PARCO で働くためのマニュアルが閲覧できるマニュアル機能、テナントからパルコへの届出や申請ができる届出・申請機能、テナント別売上げを調べられる売上げ日報機能などがある。

SUTEKI LABO による情報提供やパルコ SC グループウェアによる業務改善は、同社のオムニチャネルを支えるバックヤードのデジタル・トランスフォーメーションであり、パルコ全体の価値の向上に大きく貢献している。

POCKET PARCO が本格導入された2015年３月、顧客コミュニケーションを一層強化するため、これまで接客の研修を行ってきた CS/ 顧客政策部と WEB コミュニケーション部の２つの部門が統合され、WEB/ マーケティング部が発足し、林直孝氏が部長に就任した。

5 ▸▸▸ デジタルショッピングセンター・プラットフォーム

2017年、パルコは「PARCO as a Service」（PaaS）と呼ばれるデジタルショッピングセンター・プラットフォームの新たなコンセプトを打ち出した。これはオンラインと実店舗を融合させたプラットフォームであり、データやAI（人工知能）、ロボットを駆使して、顧客1人ひとりにカスタマイズされた商品提案を行ったり、館内の回遊度を高めるための仕組みである。その具体的な施策は、次の4点である[14]。

・アプリ・WEBを使った接客のデジタル化
・IoTによる行動・行動要因のデジタル化
・VR（仮想現実）などによる体験のデジタル化
・RFIDによる商品・在庫・購買情報のデジタル化

アプリ・WEBを使った接客のデジタル化は、2013年から継続するデジタル改革を指し、ショップブログやカエルパルコ、POCKET PARCOはその成果である。POCKET PARCOを通じて顧客の購買データが蓄積されていくなか、パルコのハウスカードであるPARCOカードの基幹系システムのデータと統合して、分析の精度を向上させ、顧客戦略を検討する必要が高まっていった。そこで2017年3月、IT部門であるIT推進室とWEB/マーケティング部のシステム開発機能が統合され、パルコ・グループのオムニチャネル戦略を統括する「グループICT戦略室」（2019年3月「グループデジタル推進室」に改称）が新設された。このグループICT戦略室のもとで、POCKET PARCOを通じて来店履歴や購買履歴のデータ、ウォーキング機能によるPARCO館内の回遊データを収集し、個客レベルの行動分析が開始されることになった。こうしたなか2018年、カエルパルコはリニューアルを施され、PARCO ONLINE STOREとして新たなスタートを切った。

IoTによる購買・行動要因データのデジタル化は、2017年11月開業の「PARCO_ya上野」で始まった。テナントごとに複数のAIカメラを設置し、来店者数をはじめ、曜日・時間帯による来店者の性別や推定年齢のデータを取

14　林直孝、「デジタルの力でリアルでの体験を最大化する『渋谷PARCO』―次世代の商業施設のかたちとは」、GENBA、2019年12月17日。（https://gemba-pi.jp/post-204109）

得し、日々のテナント別の売上げやレジ客数のデータと連携させた。こうしたデータや分析結果は、テナントに提供され、来店客が多い時間帯に店員を多く配置するなど、接客の質や売上げの向上に活かされた。

VR（仮想現実）による体験のデジタル化は、2017年に期間限定で福岡PARCOの一部テナントで「VR PARCO」として実施された。これはVRゴーグルやパソコン、スマホを利用して、自宅にいながら遠隔でPARCO店内を見て歩き、バーチャルショッピングを楽しんでもらうというものであった。また、MR（複合現実）を用いてMRゴーグルを付けてバーチャル空間に並んだ商品を見て選び、オンラインで購入してもらう試みも行った。

RFIDによる商品・在庫・購買情報のデジタル化では2017年、自走式ロボットSiriusbotを導入し、閉店後の夜間にテナントを廻り、RFIDを読み取って自動で棚卸作業を行うなどの実験を開始した。

こうしてパルコは最新のデジタル技術を駆使して、顧客の買い物体験の向上に取り組んだ。

3 新生　渋谷PARCO

2017年に打ち出されたデジタルショッピングセンター・プラットフォームに向けた種々の試みは、「リアルとデジタルが融合した次世代型商業施設」をコンセプトに2019年11月、リニューアルオープンした渋谷PARCOに結実する。渋谷PARCOは、実店舗とEC、そして顧客、テナント、パルコを繋ぐPOCKET PARCOがデジタルを通じて三位一体となって顧客に「優れた購買体験を提供する場」として位置づけられる[15]。

これまでの渋谷PARCOが強みとしていたファッション、アート＆カルチャー、エンタテインメントに加えて、食とテクノロジーという新たなテーマが追加された。

パルコは、「新生渋谷PARCOの革新」として、次の6つを挙げている。

・感性で消費をするターゲット設定
・ニーズを創造するアイテム構成
・テクノロジーを用いた新たな購買体験
・お客様にダイレクトに響く宣伝手法
・社会テーマへの取り組み
・装置充実による話題性・集客力

デジタルショッピングセンター・プラットフォームとして位置づけられる渋谷PARCOであるが、その本質はデジタルをツール（手段）として駆使しながら、パルコがセレンディピティ・センター（Serendipity Center）と表現する「偶然の出会いによる幸福感を提供する場」という。林氏は次のように述べている。

これからのSCは、ファション、アート&カルチャー、エンターテインメント、食、テクノロジーといった様々な要素についてリアルとバーチャルを組み合わせることで、セレンディピティを提供していく。セレンディピティセンターと呼ばれる、例えばそういった出会いや感動をすでに実現されているディズニーランドのような場にしたいと思っています[16]。

---

15 パルコのオムニチャネルの取り組みが結実した渋谷PARCOは、コロナ禍の乗り切りにも大きな役割を果たしている。
　2020年4月の緊急事態宣言発出にともない、リニューアルオープン直後の渋谷PARCOも休業を余儀なくされたが、同店では「渋谷PARCO通販はじめました」と銘打った企画を行い、「ステイホーム」の要請のなか、PARCO ONLINE STOREの仕組みを活用してテナント経由で商品販売を強化したり、テナント各社がオンライン接客を始めたり、Instagram、LINE、Zoomなどのデジタルツールを使い、顧客とのコミュニケーションを絶やさない工夫がなされた。また、2020年9月から12月にかけては、オンライン接客によるライブコマース企画「パルコオンライン商店街」を開催し、テナント店頭からライブ配信を行うことで、テナントと顧客を繋ぐウィズ・コロナ時代に向けた新たな買い物の形を提供した（SC JAPAN TODAY（2020）、「座談会　デジタルトランスフォーメーション委員会の意義と役割、SCが取り組むべきDXの方向性とは」『SC JAPAN TODAY』2020年11月号、12-15ページ）。

16 TECHPLAY、「三越伊勢丹・良品計画・パルコ・アダストリアの事例を大公開—小売企業が取り組むプロダクト開発・改善の舞台裏とは？」、2021年6月30日。（https://techplay.jp/column/1505）

林氏は、ショッピングセンターにおける購買行動を計画購買と非計画購買に分けて説明する[17]。事前に買うものを決めている計画購買では、いつでも、どこでも簡単に欲しい商品を検索し、注文できるECの方が便利である。これに対してPARCOのような実店舗での購買は、ECとは異なり、欲しいものが事前にはっきりとは決まっていない非計画購買が中心である。この非計画購買を考える上で重要なのが、店舗での商品探索時間である。欲しい商品にたどり着くまでの時間が長いと、顧客は離脱してしまう。そこで、これまで取り上げてきたようなデジタル技術を用いて種々の商品情報を顧客に提供することで探索時間を短縮するとともに、PARCO店内での偶発的な商品との出会い、すなわちセレンディピティが生まれる機会をつくり出す。前述のPOCKET PARCOのウォーキング機能は、PARCO内での回遊をうながし、セレンディピティを誘発する有効な手段である。

新生渋谷PARCOには、最先端のデジタル技術を駆使したさまざまな仕掛けが施された。ここでとくに注目するのは、オムニチャネルショップ「PARCO CUBE」と電子レシートである。

PARCO CUBEは渋谷PARCO5階に設けられた。ここに出店するテナントの売り場面積は平均の約半分30㎡であり、このため店頭在庫は戦略商品や限定商品に絞り込まれている。その他の商品については、フロア中央部に設置されたPARCO CUBEやテナント店頭のサイネージからPARCO ONLINE STOREを通じて検索・購入ができ、またスマホと連動させれば、商品情報をスマホに転送し、気に入れば購入することができる。これまでのPARCO ONLINE STOREではテナントの店舗在庫から販売してきたが、PARCO CUBEではテナントのECとPARCO ONLINE STOREの商品データを連携させ、テナントEC在庫をパルコECにより販売する。

渋谷PARCOではまた、顧客の購買データを捕捉するための新たな取り組みが開始された。一部の店舗でPOCKET PARCOユーザー向けに試験的に導

17　ビジネス＋IT、「林直孝氏に聞く“パルコ流”デジタル戦略―『思わぬ出会い』波動生み出す？」、2018年11月12日。(https://www.sbbit.jp/article/sp/35562#continue_reading)

入された電子レシートである。これまでの顧客データの収集・分析から、PARCO店内の顧客行動を捉えるのに重要なのは、顧客が「いつ、どこで、何を購入したか」という購買データであることがわかっていたが、このデータはテナントが管理しており、パルコは「いつ、どこで」までしか把握することができなかった。そこでパルコが注目したのが、電子レシートである。POCKET PARCOユーザーは、電子レシートに表示されるバーコードをレジでスキャンすれば、購入商品のレシートがアプリ内で確認でき、また買い物金額を集計することもできる。一方、パルコは電子レシートにより「何を購入したか」がわかる購買データを収集・分析することが可能になった。

この分析にはAIが活用され、テナントごとの顧客の購買特性だけでなく、パルコ全体での特性を明らかにすることができる。これにより、来店前・来店中・来店後という一連のカスタマージャーニーにわたって、最適なタイミングで、個客レベルでニーズに適合した商品、テナント、コンテンツなどの情報を発信する基盤が整備されたことになった[18]。

電子レシートは大いに期待された仕組みであったが、この試験的導入はその後、中止を余儀なくされる。電子レシートは、テナントの販売情報を吸い上げる仕組みであり、テナントからみれば販売を「丸裸」にされることになる。そうしたデータの提供に協力するテナントは十分に集まらなかったのである。このことは、「館」としてのパルコとテナント間のデータ共有の難しさを物語っている。

18　林直孝、「データ活用の取り組みに『失敗』はない　パルコの執行役員、林直孝氏に聞く、「データドリブンなサービス開発」の舞台裏」、データの時間、2020年7月1日。（https://data.wingarc.com/parco-hayashi-26909）PRITIMES、「パルコがデジタルで描く商業施設の未来！渋谷PARCOで取り組むデジタル施策　唯一無二の次世代型商業施設　渋谷PARCO 11月22日（金）グランドオープン！」、2019年11月1日。（https://prtimes.jp/main/html/rd/p/000001135.000003639.html）

4 オムニチャネルを支えるバックヤードシステム

オムニチャネルを成功裏に遂行するためには、その戦略を支える優れたバックヤードシステムの構築が不可欠である（近藤・中見, 2019）。ここでは、パルコのオムニチャネルを支えるバックヤードシステムについて、とくに重要なデータ統合と成果指標、ならびにオムニチャネル組織を取り上げる。

1 ▸▸▸データ統合と成果指標

2022年11月、パルコはPARCOポイント、POCKET PARCO、そしてPARCO ONLINE STOREを発展的にリニューアルしたONLINE PARCOの顧客IDを一元化した会員Webサービス「PARCOメンバーズ」をリリースした[19]。

PARCOメンバーズの導入により、PARCOの店舗とONLINE PARCOのECとの間でシームレスな購買・利用体験を提供するとともに、PARCOポイント、店舗でQRコード決済として導入していたポケパル払いサービスとの共通利用が可能となった。PARCOメンバーズを通じて、パルコは顧客の購買データ、行動データを統合し、顧客を多面的に分析することができる。パルコはこの分析に基づいて、個客レベルでニーズに則した商品・サービスの提供やコミュニケーションの最適化をはかり、顧客ロイヤルティを醸成し、LTV（生涯顧客価値）の向上を目指していく方針である。

さまざまなデジタル技術の導入によって、パルコは個客レベルの購買行動を捕捉できるようになった。これに伴って、その成果も「個客別売上げ」と「テナント別売上げ」という2つの指標から評価することが可能となった。パルコ

19　正確には、ONLINE PARCOの2022年11月のリリースはプレオープンであり、グランドオープンは翌2023年3月となる。このグランドオープンまでの約4カ月間、PARCO ONLINE STOREは会員のスムーズな移行を図るため、ONLINE PARCOと平行して開設されていた。ONLINE PARCOでは、表示スピードや検索効率の向上などの基本機能の改善に加え、決済手段の多様化や、越境ECの強化などが大幅な刷新が行われた。

では、個客別売上げは個客満足の総和であり、テナント別売上げは個客満足を生み出す接客の総和と捉えられる。テナントでの優れた接客により個客満足が上がり、その結果が購買につながる。パルコはそうした個客満足の総和を「館」として最大化することを成果目標においているのである。

パルコはまた、「館」として個客満足の程度を測る指標として、次の2つを設定している。1つは「顧客維持率」、すなわち継続してPARCOで購買する顧客の比率である。パルコでは、LTV向上の観点から、1回の購買金額が大きい顧客よりも、長期間にわたってPARCOで買い物をする顧客を重視している。もう1つは「買い回り率」、すなわちPARCO店内の複数のテナントで買い物をした顧客の比率であり、複数のテナントを利用した顧客の方が継続して来店する可能性が高くなる。顧客・購買データの分析からは、特定のテナントでしか買い物しなかった顧客の維持率が34.5%であるのに対し、他店でも買い物をした顧客の維持率は65.5%と、31ポイントの差があることが明らかになっている[20]。

2 ›››オムニチャネル組織

これまでパルコは、WEBコミュニケーション部（2013年3月）、WEB/マーケティング部（2015年3月）、グループICT戦略室（2017年3月）、そしてグループICT戦略室を改称したグループデジタル推進室（2019年3月）と、同社のオムニチャネルを担う組織を進化させてきた。グループデジタル推進室では、「攻めのIT」としてデジタルを戦略に活用するデジタル推進担当、ならびに「守りのIT」としてデジタルのオペレーションを担う情報システム担当が設けられた。そしてデータ基盤の整備を終えた2020年3月、グループデジタル推進室は発展的に改組され、データベース構築とその運営・分析を担う「デジタル推進部」とそのためのシステムを構築する「情報システム部」（2023年3月、情報システム推進部）が設置され、デジタル推進部は企画やコミュニケーションを担当

20　BiND CAMP、「パルコのDX戦略に見るリアル店舗に求められるデジタル化」、2020年4月2日。（https://bindup.jp/camp/marketing/26424）

図4　パルコのDAPCサイクル

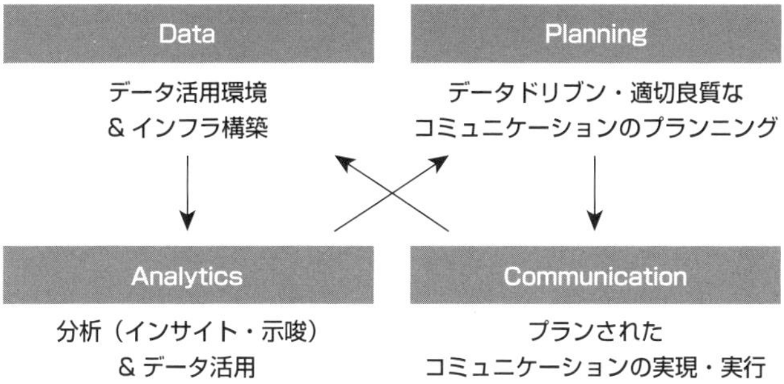

出典：『Parco Corporate Profile 2021』、p.10.
（https://www.parco.co.jp/assets/pdf/about/brochure/profile2021_a 4 _03.pdf）

するCRM推進部との連携を深める体制となった。林氏は、次のように述べている。

> お客様視点で顧客理解のためのデータを統合するために、それぞれのチームがそれぞれの仕組みをつくって運用することに限界を感じました。これらを統合するサービス設計をして、顧客にまつわるデータベースを構築する際に両者が一緒になることでスピードアップにつながるという判断がありました[21]。

CRM推進部は、PARCOカード等のキャッシュレス決済、PARCOポイント、ポケパル払い、ONLINE PARCOのサービス企画やオペレーション、および自社のサービス・仕組みに関する顧客の声（VOC：Voice of Customer）を収集して、サービス改善につなげるカスタマーサポートを担う部局である。

デジタル推進部とCRM推進部の連携体制の構築により、パルコがDAPCサイクルと呼ぶデータ&インフラマネジメント（データ活用環境&インフラ構築）、

21　JDIR（JBpress Digital Innovation Review）「探求DX insight　第3回　DX先進企業パルコは何に取り組み、どこに向かう？」、2021年11月29日。（https://jbpress.ismedia.jp/articles/-/67850）

分析（インサイト・示唆）・データ活用、コミュニケーションプランニング、そしてプランされたコミュニケーションの実現・実行という一連のサイクルをスピーディーに廻すことを目指した（図4参照）。DAPCサイクルでは、DataとAnalyticsをデジタル推進部が、PlanningとCommunicationをCRM推進部がそれぞれ担うことを想定し、2020年より林氏は、このデジタル推進部とCRM推進部を兼務することとなった。

5 まとめと課題

この章では、次の2つのリサーチ・クエスチョンを設定した。

・パルコはオムニチャネル・プラットフォーマーとして、オムニチャネルをどのようにとらえ、どのように推進してきたのか。
・その推進プロセスにおいて、パルコは、「館」としてどのようにテナントと協調し、どのような買い物体験を顧客に提供しているのか。

最後に、これらリサーチ・クエスチョンを踏まえ、パルコの事例研究のまとめと同社の今後の課題を指摘しておくことにしよう。

1 ▸▸▸ まとめ

パルコのオムニチャネル・プラットフォーマーへの道のりは、2012年春、テナントのスタッフが商品情報を発信するショップブログを開設したことに始まった。続いて2013年春、テナントの商品のECサイトであるPARCO SHOW WINDOWのサービスが開始された。そして2014年5月、顧客とのタッチポイントを絶やさない24時間PARCOのコンセプトを体現するカエルパルコが生まれた。そして2015年3月、カエルパルコをさらに進化させ、来店前、来店中、そして来店後と一連のカスタマージャーニーを捕捉することができる公式アプリPOCKET PARCOが誕生した。

2017年、パルコは「PARCO as a Service」(PaaS) としてデジタル・ショッピングセンター・プラットフォームというコンセプトを打ち出した。このコンセプトを具現化したのが、2019年11月にリニューアルオープンした渋谷PARCOである。そこでは、「館」であるパルコ、入居するテナント、それらを結びつけるソーシャル・メディアが連動して、顧客に「思わぬ発見」(セレンディピティ)をもたらすさまざまな仕掛けが組み込まれている。この渋谷店こそ、デジタル・ショッピングセンターをさらに進化させた新たなショッピングセンターの形、セレンディピティ・センターである。

オムニチャネルの本質は、店舗、EC、ソーシャル・メディアなど、多様な取引／コミュニケーション・チャネルを統合的に管理することによって、顧客にシームレスな買い物体験を提供することである (近藤・中見 2019)。オムニチャネル・プラットフォーマーであるPARCOにおいて、顧客へのシームレスな買い物体験の提供はPARCOとテナントとの間で二重に行われている。パルコは、ONLINE PARCOでテナントの商品を掲載し、顧客からの注文を受けた商品は、テナントの店頭在庫から発送される。一方、入居するテナントについて、顧客はONLINE PARCOからも購入することができ、その売上げはテナント側に立つため、テナントの自社ECとのカニバリゼーションがなく、ONLINE PARCOに商品や情報を提供する誘因が働いている。

またPOCKET PARCOでは、来店前、来店中、来店後の一連のカスタマージャーニーにおいて顧客に有用な情報提供がなされている。この仕組みにより、顧客に効率的な買い物環境が提供される一方、ウォーキング・コインでPARCO店内の回遊性を高め、商品やサービスとの「思わぬ出会い」、すなわちセレンディピティが演出されている。さらに、PARCOポイント、POCKET PARCO、ONLINE PARCOの顧客IDを一元化した会員Webサービス PARCOメンバーズの導入により、パルコ全体として顧客に統合的な買い物体験を提供する基盤が整備された。

こうした統合的かつシームレスな買い物体験の提供を支えているのが、24時間PARCOのコンセプトに基づいたカスタマージャーニーの捕捉から得られる各種のデータである。パルコはこのデータをAIを含め、多面的に分析することで顧客の購買行動を立体的に捉え、個客ベースのニーズを踏まえたデータ・ドリブンなテナント情報やイベント情報の提供や提案を行っているのである。

さらにオムニチャネルでは、さまざまな取引／コミュニケーション・チャネルを統合的に管理するオムニチャネル組織の構築が不可欠であるが、パルコでは、DAPCサイクルにおいてDataとAnalyticsからPlanningとCommunicationへの一連のフローを連動させることを重視し、組織体制の構築を図っている。

2 ▸▸▸ 課題

パルコは、ショッピングセンターとして先端的な取り組みを相次いで打ち出し、デジタルに裏づけられたオムニチャネルを進化させてきた。オムニチャネル・プラットフォーマーとして、商業施設である館、入居するテナント、パルコとテナントそれぞれのEC、そして顧客コミュニケーションを担うモバイル・アプリ、それぞれを連携させ、シームレスな買い物体験の提供を模索しつづけてきたのがパルコである。パルコのオムニチャネルの歴史は、買い物体験の革新の歴史と言い換えてもいいだろう。その現在の到達点が、顧客に思わぬ出会いの機会を与えるセレンディピティ・センターというコンセプトである。

こうしたオムニチャネルの基盤となるのが、顧客の購買・行動データの分析とそれに基づくさまざまな施策である。しかし、イコールパートナーとパルコが位置づけるテナントとの対等な関係は、裏を返せば、パルコの方針とテナントのそれとが齟齬を来す危険性を常にはらんでいる。前述のPARCO_ya上野で行ったAIカメラによる来店客層把握・分析の試行はすでに終了し、テナントでの顧客の購買情報が収集できる画期的な仕組みであった電子レシートは十分な成果を上げられなかった。パルコとテナントが同じベクトルのもとで協調できてはじめて、館レベルで統合的かつシームレスな買い物体験を提供することができる。こうしたパルコとテナントの組織間の協調をいかに構築・強化できるかは、オムニチャネル・プラットフォーマーとしてのパルコのきわめて重要な課題である。館としてのPARCOと入居するテナントの二重構造のなかで、「PARCOらしさ」をいかにして演出し、統合的な顧客体験を提供するのか。また、オムニチャネル・プラットフォーマーとして、パルコはいかに個々のテナントへの顧客エンゲージメントを超えて、館としてのPARCOへのエンゲージメントを高めるのか。

オムニチャネルをめぐるパルコの事例は、カスタマージャーニーの捕捉、顧客・購買データの収集と分析、ならびに「館」とテナントという二重構造のなかでのシームレスな買い物体験の提供、それを支える組織間の協調、それらの重要性と課題を端的に示している。

謝辞

本章の執筆に当たっては、パルコのオムニチャネルを牽引してきた林直孝氏(現・株式会社J.フロント リテイリング執行役常務)、ならびにパルコデジタル推進部部長・安藤彩子氏には折に触れて情報をいただくとともに、本章の草稿に貴重なコメントをいただきました。記して感謝いたします。なお、本章の内容については、すべて筆者の責任にあります。

第Ⅱ章 デジタル戦略推進と自社改革
――株式会社カインズ

1 はじめに

この章では、デジタル化によって様々な業界が大きな変化を迫られる中で、第３の創業として全社改革に取り組む株式会社カインズ（以下、カインズ）を取り上げる。

カインズは、物販チェーン７社を中心とした31社からなるベイシアグループの中核企業の１社で、ホームセンターチェーンの経営を行う企業である。約１万3000アイテムのプライベートブランド商品（以下 PB 商品）をはじめとして、大型店では10万種類以上の商品を展開し、230店舗と EC 合計で売上高は5,158億円を達成している（2023年２月末現在）。

カインズは、1989年にベイシアグループの創業者である土屋嘉雄氏が、栃木のホームセンター１号店を立ち上げて日本全国へ店舗展開を進めた時代を第１の創業、2007年の SPA 宣言による PB 商品の拡大を第２の創業とした後、2018年に「IT 小売業宣言」を行い、３カ年の中期計画「PROJECT KINDNESS」がスタートした2019年を第３の創業期として、「次のカインズを創る」ことを目指し、様々な変革に取り組んでいる。

特に、この中期計画ではデジタル関連事業に100億円以上を投資し、デジタル技術力を蓄積するために子会社を設立し、これまでに200人以上のエンジニアを採用するなど、積極的にデジタル化を進めている。オフラインよりもオンラインを好む消費者のデジタル志向がコロナ禍により加速した中、小売企業には商品やサービスの情報収集から購入、そして利用までの一連の購買体験の各段階において、顧客が望むチャネルで満足いく体験を得られるようにするためにオムニチャネル化が求められている。そして、デジタル技術を活用して迅速に様々なデジタルサービスを開発・提供することは、このオムニチャネル化を進めていく上での中核といえる。

そこで本章では、IT 小売業という新しい方向に全社変革を進めているカインズの取り組みについて、以下をリサーチクエスチョンとして考察していく。

・なぜ、自社内にデジタルサービス構築能力を備えることが重要なのか？

・どのように自社のデジタルサービス構築能力を獲得したか？

・デジタルサービスを提供していく中で、店舗などの社内の運営にどのように落とし込んだのか？

2 カインズの軌跡

1 ▸▸▸「IT 小売業宣言」までの成長

ベイシア、ワークマン、2022年に買収を完了したハンズなど、2020年10月にグループ売上一兆円を達成したベイシアグループの中で、カインズは売上の半分近くを占める、グループの中核企業と位置づけられる。その社名には「kind(ness)」をもとにしたお客様第一の「customer first」、愛＝「Ai」のこもった接客、さらにその気持を永遠に持ち続ける「Z」という想いが込められている。現在カインズが営むホームセンター事業は、「いせや」から「いせやホームセンター」として、栃木店が１号店として1978年に設立されたことから始まり、1989年には企業として「株式会社カインズ」が、株式会社いせやより分社・独立する形で設立された。

カインズの沿革は大きく３つの段階に分けられる。まず、日本型ホームセンターという業態が生まれ、成長する市場でのシェアを拡大し、規模の優位性を目指す中で1989年に１号店を出店した第一の創業期。徹底した低コスト戦略の実践により、1996年に売上高1,000億円、2002年に売上高2,000億円、2006年には売上高3,000億円と、着実な成長を達成してきた。

次に第二の創業期として、これまでのような市場の拡大が大きく見込めず、横並びでの競争から脱するため、自社での商品開発・製造・販売に注力するというSPA宣言を行い、他社では購入できない、カインズでしか買えないPB商品の開発・販売を進め、競合他社との差別化により独自のポジションを確立した。このPB商品はグッドデザイン賞など国内外のデザイン賞を多数受賞しており、現在ではカインズの売上の約40%をPB商品が占めている。

2 ▸▸▸2018年の「IT小売業宣言」

これまでの日本型ホームセンターという業態で規模の優位性を目指した第一の創業期、そしてSPA宣言のもと、PB商品の開発により他社との差別化を目指した第二の創業期の次の転換期となったのが、2018年年初の朝礼での「IT小売業宣言」以降のデジタル戦略の推進である。その背景として、これまでの新規出店とPB商品での成長という事業モデルでは、この先立ちいかなくなるという懸念、そして世界の小売業を見渡したとき、生き残りのためにデジタルを武器とする必要性を認識したことがあった。ただし、第二の創業期に位置づけられるSPA宣言との違いとして、SPA宣言のときには既にPB商品の開発が進んでいた一方、このIT小売業宣言の時点では、社内にデジタルサービスの企画や開発を行える人材が既に存在していたわけでもなければ、多くの経験が蓄積されていたわけでもなかった[1]。

そこで、これまでの延長線上ではなく「非連続な改革」を進める上で、共に働くメンバー（カインズでは従業員をメンバーと呼んでいる）に対して改革の想いを最も効果的に伝えるため、一番大きな人事として高塚正行氏が社長に任命され、そして2019年からの３カ年の中期経営計画“PROJECT KINDNESS”が第三創業期としての位置づけのもと、実行された。この中期経営計画では、「次のカインズをつくる」を目標として、カテゴリーの開発、育成、縮小、撤退や、新フォーマット、新事業創出などを扱うSBU戦略、顧客体験向上のための空

1　土屋裕雅（2022）、「エンジニア1000人いてもいい　「IT小売業」目指し強みを際立たせる」、日経クロステック、2022年１月20日。

図1　カインズのデジタル戦略

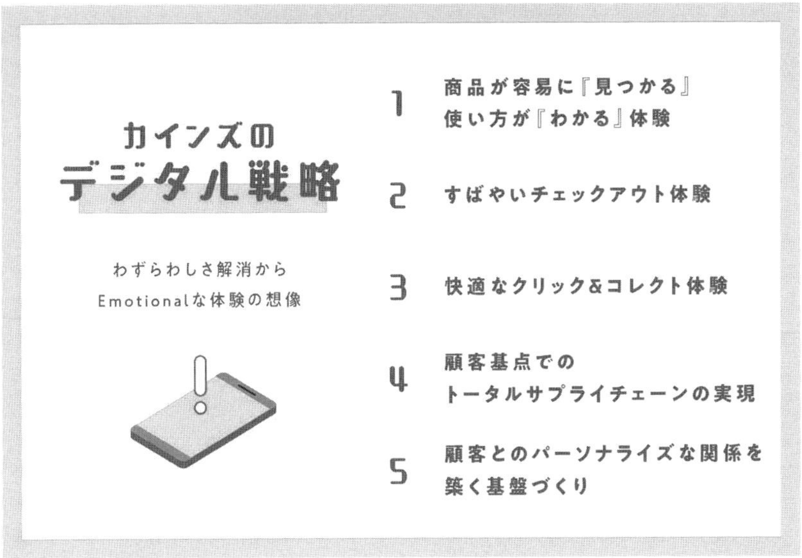

出典：カインズ提供。

間デザインや、効率化のための空間設計に向けた空間戦略、メンバーへのKINDNESSと共に、デジタル戦略（図1）が4つの戦略の1つに据えられた。

このデジタル化に向けた変革の背景の1つには、「新幹線事件」と土屋氏が呼ぶ、同社の本社所在地最寄りのJR本庄早稲田駅ホームで同社メンバーが聞いた、同社に関わるITベンダー社員の会話にあった。そこで彼らは同社について「このプロジェクトは楽勝ですね。言えば言うほど金を出す会社ですよ」と述べていた。この出来事から、ITを自社で駆使できるように変わっていく必要性を感じた。さらに2017年の11月から12月にかけて米国ラスベガスで開催されたAmazon Web Servicesの年次イベントへ参加し、海外同業他社の経営層とのやり取りなどから、デジタルを武器にしないと生き残れないということが確信に変わった[2]。

図2　カインズのデジタル戦略の実現

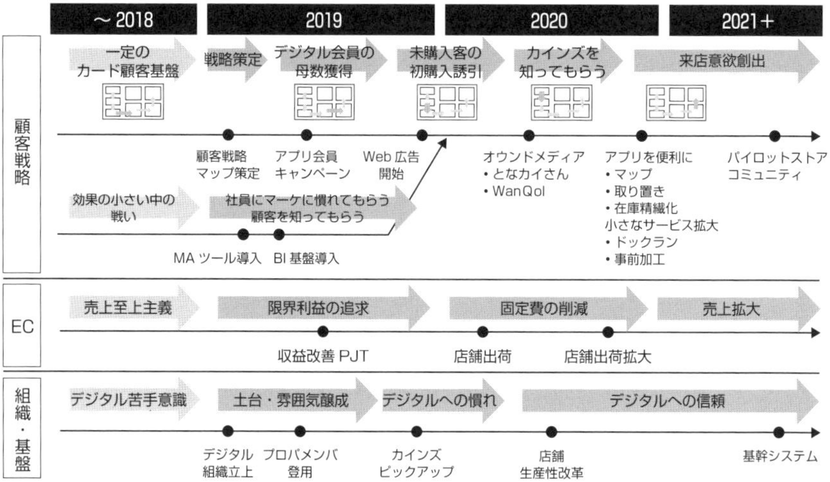

出典：カインズ提供。

3 ‣‣‣ カインズのオムニチャネルへの取り組み

IT 小売業宣言以降、後述するデジタル戦略と、その実現のためにデジタルサービス構築を担う人材の採用が進められ、オムニチャネル化につながる多くのデジタルサービスが以下の図2のように提供されていった。そのいくつかを以下に紹介する。

最も早い取り組みの1つが、売り場・在庫を検索するメンバー向けアプリの「Find in CAINZ」である。来店した顧客から聞かれることが多い商品の売り場に関する内容について、店舗メンバーが迅速かつ的確に対応できるよう、2019年2月にプロジェクトがスタートした。開発要件を明確に決めず、現場の声を開発チームに伝え、開発したものを1週間サイクルでレビューしていくこ

2　鈴木慶太（2022）、「ベイシアグループがDXに本気になった「新幹線事件」、カインズの土屋会長が初公開」、日経クロステック、2022年10月18日。（https://xtech.nikkei.com/atcl/nxt/column/18/02218/101700015/）

とを繰り返し、2019年６月に４店舗への導入に至った[3]。

未来のホームセンターの可能性を模索する参加型 Web メディアとして、「となりのカインズさん」が2020年６月にオープンした。カインズのメンバーをはじめとして顧客や取引メーカーなど、カインズに関わるあらゆる人々が、くらしに関する多種多様なアイデアを共有・共創・発信するメディアとしての役割を担っており、自社サイト、SNS、アプリ合計で、ユーザー数は月間900万人を超える[4]までに成長している。

ホームセンターという業種の特徴を活かした取り組みとしては、EC で購入した商品の近隣店舗からの出荷がある。既存倉庫で対応できる年間売上の上限に近づき、EC 取り扱い商品の中で在庫として保持している商品は２割である一方、店舗では EC 取り扱い商品をほぼカバーする品揃えがあった。加えて、顧客に近い店舗から配送を行うことで、配送距離の短縮による配送コストの抑制というメリットもあった。小売企業で起こりがちな、EC 部門が店舗の売上を奪うことから生じる店舗部門と EC 部門の対立という問題にも、店舗から出荷した商品の売上は店舗に計上する仕組みを取り入れることで対応し、６年間赤字だった EC 部門の黒字化を実現[5]した。

4 ▸▸▸「IT 小売業宣言」後の成果

このようなデジタルサービス関連の取り組みもあり、カインズの売上高は2017年の4,000億円から、2021年２月末までの第31期で売上高業界首位を達成し、2023年２月末には5,158億円に達した。またこの成長は高い評価につながり、カインズは一橋ビジネススクール国際企業戦略専攻が主催する2021年度のポー

3　水野圭基（2021）、「【カインズアプリ開発の裏側】導入までわずか４カ月！カインズ店員が使う〝あの端末〟のヒミツ」、となりのカインズさん、2021年５月６日。（https://magazine.cainz.com/article/36337）

4　となりのカインズさん（n. d.）、「最高のブランドストーリーは、カインズの編集チームと共に。」、カインズ、（n. d.）。（https://magazine.cainz.com/advertising/）

5　池照直樹（2021）、「カインズ“デジタル化”の仕掛人・池照直樹が語る「ホームセンターの未来像」」、カインズ、2021年１月18日。（https://magazine.cainz.com/article/28204?page=３）

ター賞を受賞した。この賞は、イノベーションを土台として独自戦略を実行し、高い収益性を達成・維持する企業を表彰する目的で設立された。審査の対象となった2020年のカインズの営業利益率は7.3%、そして投下資本利益率は14.7%と、これらの値は業界中央値を上回っていた[6]。そして受賞理由には「デジタルも駆使したリアル店舗の魅力の強化」も触れられている[7]。また、優れたIT事例を表彰する「IT Japan Award 2021」の最優秀賞となるグランプリにも選ばれた。その選定理由としては、システムの内製化や、デジタルサービスの高速開発への積極的な取り組みが挙げられている[8]。次の節では、これらのデジタルサービス関連の取り組みの土台となる、カインズのデジタル戦略について見ていく。

3 カインズのデジタル戦略

1 ▸▸▸デジタル戦略の根底に流れる考え方

近年、デジタル・トランスフォーメーション（以下DX）に注目が集まっているが、独立行政法人情報処理推進機構のDX白書2023によると、米国では約9割の企業が「成果が出ている」と回答している一方で、日本企業においてその値は58%に留まっている[9]。デジタルサービスの取り組みを成果につなげてきたカインズでは、どのようにデジタル戦略を進めてきたのだろうか。

カインズでは必ずしも「デジタル化ありき」ということで取り組みが進められてきたわけではないという。2013年から定期的に意見交換を行い、2019年2

6　野間幹晴（2021）、「ポーター賞2021競争力カンファレンス　受賞企業の財務分析」、一橋ビジネススクール国際企業戦略専攻、2021年12月4日。（https://www.youtube.com/watch?v=mnJPZwgoD8E）

7　カインズ（2021）、「カインズが2021年度ポーター賞を受賞～お客様一人ひとりの自分らしい暮らしをサポートする独自の戦略を評価～」、カインズ、2021年10月26日。（https://www.cainz.co.jp/news/3869/）

8　カインズ（2021）、「日経コンピュータ主催「IT Japan Award 2021」グランプリ受賞」、カインズ、2021年6月8日。（https://www.cainz.co.jp/news/4045/）

9　独立行政法人情報処理推進機構（2023）、「DX白書2023」、独立行政法人情報処理推進機構、2023年3月16日。（https://www.ipa.go.jp/publish/wp-dx/dx-2023.html）

月に入社して、現在、執行役員CDO兼CMO兼デジタル戦略本部長を務める池照直樹氏に伺ったところ、デジタルへの考え方として「カインズでは、DXや何とかXという言葉は使っていないし、デジタル化が云々ということも重要な課題ではない」と説明する[10]。

池照氏はデジタルの特徴を「スケーラビリティ（＝拡張性）」にあるとし、スケーラビリティの影響を「例えば距離という面では、店舗は必ず商圏が存在し、その外から人を呼ぶことは難しい。一方でECであれば商圏は関係なくなる。地元の商圏にチラシを撒こうとすると、半径の二乗に比例してコストがかかってくるが、ウェブ広告を使ってスケーラビリティを出していける」、「販管費にしても、人件費が変動費のままだと、売上が伸びればそのままコストも増えることになるが、仕組みをデジタル化して固定資産にすることで、一旦投資を行えば、その後売上が伸びても変動的にお金がかからないようにしていくことが出来る」と述べた。そして「要するにデジタル化とは実はスケーラビリティを持つこと以外、何も出来ないということ。そのため、スケーラビリティを求めないのであれば、デジタル化の必要はなく、そのような状況でのデジタル化の投資は無駄ということ」とまで言い切っている[11]。

このように、カインズではデジタル技術は何でもできる魔法の箱として捉えるのではなく、そのスケーラビリティという特徴や限界を理解し、その上でお客様や自社にとって必要、そしてプラスとなるのであれば、デジタル技術を活用していくという考えが、様々なデジタルサービスに関する取り組みのベースとなっている。

2 ▸▸▸ カインズのデジタル戦略1 ――スケーラビリティを活かして「足し算」を目指す顧客戦略

前節での「スケーラビリティ」というデジタルの特徴もふまえ、顧客戦略が

10　池照直樹（2023）、「カインズ社の取り組みに関するインタビュー」、池照直樹、2023年3月13日。

11　同上。

図3　カインズの顧客戦略

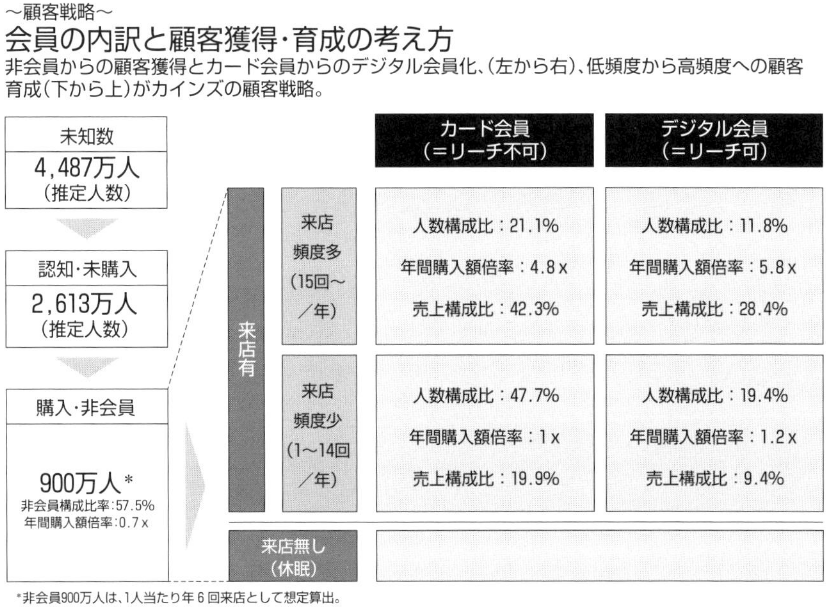

出典：カインズ提供。

構築された。これは小売業で一般的な何を売るかという製品ベースの指標に加え、顧客ベースの成果指標（近藤・中見 2019）による戦略となっている。潜在顧客ではあるもののカインズを未認知である層、認知はしているものの購入経験がない層、購入経験はあるもののカインズの会員ではない層、そしてカインズ会員層を来店頻度の多少と、カインズからオンラインでのリーチの可否という２×２の４層に分け、各層の年間購入額や、人数構成比などが分析された。年間購入額では、リーチができないポイントカード会員の中で来店頻度の少ない層を１とした場合、最も購入額の高いアプリをダウンロードしたデジタル会員かつ来店頻度の多い層は5.8倍である一方、その人数構成比では前者が47.7%に対し、後者は11.8%であることが分かった。しかし、ここで問題となったのが、この人数構成比を実際の顧客数に換算した場合、デジタルの特徴であるスケーラビリティを活かせるか、という点だった。

カインズではマーケティングオートメーションは池照氏が入社する前から取り組まれていたが、当時のデジタル会員、すなわちリーチが可能な会員数は13万人であった。この人数は年間のレジ通過客数が１億5000万程度ある中で、仮にデジタル会員が年間10回来店して購入されたとしても、全レジ通過客数の１％にもならず、到底スケーラブルなデジタル施策を進めていく状況ではないため、デジタル会員数を拡大するために、顧客セグメント毎に施策が展開されていった。

まずポイントカード会員をデジタル会員にするため、開発時間の短縮を優先し、会員カードをスマートフォンで撮影すると、バーコードが取り込まれるという機能に絞ってアプリを導入し、店舗で会員キャンペーンが展開された。店舗メンバーが初回購入時に会員になっていない来店客に対しては入会勧誘、そして既存のポイントカード会員に対しても積極的にデジタル会員への転換が勧められた結果、２カ月で約50万人のデジタル会員獲得につながった。

そして、カインズは認知しているものの、来店には至っていない層についてはWeb広告により来店を促し、更にそもそもカインズを知らない層に対しては、まずはカインズの理解を目的として、前述の「となりのカインズさん」というWebメディアがオープンされた。

ただし、デジタル化と同様で、顧客戦略自体が目的化してしまってはいけないことについては留意が必要である。この点について、池照氏は「顧客軸での分析が大切なのはそうだが、やったから何なのって話では？　そこに対する何らかのアクションを取るのであれば、セグメンテーションは意味があることだが、何のアクションも取らないのにセグメンテーションするのは時間の無駄なので、無駄な分析はやめてください、と言う」と語っている[12]。

12　同上。

3 ‣‣‣ カインズのデジタル戦略２
――「足し算」に負けない店舗のオペレーションのための「引き算」のための業務効率化

スケーラビリティを念頭においた顧客戦略と共に、もう１つカインズのデジタル戦略と取り組みに欠かせない考え方がある。それは、店舗のオペレーションへの貢献である。これまで述べてきた顧客戦略とは、非会員を会員に、カード会員をデジタル会員に、そして来店が低頻度から高頻度にして売上を積み上げていくことを目指しているが、この「足し算」を続けていくだけでは、会員の来店増により店舗メンバーの仕事量が増える一方となり、店舗のオペレーションはいつか破綻してしまう。そのため、顧客戦略による「足し算」と共に、カインズのデジタル戦略におけるもう１つの柱となっているのが、業務効率化による「引き算」を行うためのデジタル施策である。

2019年にPROJECT KINDNESSが始まったときに、その目的で最初に取り組まれた施策の１つが、前述の店舗メンバー向けの売り場や在庫を検索するための「Find in CAINZ」アプリの開発だった。このアプリにより、商品名、キーワード、あるいはJANコードなどを入力することで、店舗メンバーがすぐにその商品の売り場や在庫数を確認できるようになった。ホームセンターという、店舗の面積が広く、店舗によっては10万を超える商品の扱いがあるという業態の特性上、ベテランの店舗メンバーであっても自分の担当以外の商品について質問された際に、迅速かつ的確に回答するのは容易ではない。さらに、顧客の店舗メンバーに対する質問の約８割が商品の売り場に関する内容であったことから、「メンバーのストレスフリー」を考え、このプロジェクトが始まった。

導入当初から店舗メンバーに利用されたわけではないものの、各店舗個別に説明会を開くなどの積み重ねの結果、１カ月が経過した頃から「すごく便利」という評価を得られるようになっていった。効率化という面では、接客１件あたり平均５分が必要だったところ、このアプリのおかげでその時間が約３分と、全店舗での接客時間が40％程度削減された。更にスケーラビリティという点では、このアプリは2020年に会員向けアプリにも実装され、店舗スタッフだけでなく、顧客も自分自身で検索できるようになった[13]。

4 デジタル戦略から成果を導くポイント

1 ▸▸▸デジタルサービス構築能力の確保

多くの日本企業にとって、社内の人材不足は課題の１つである。情報処理・通信に携わる人材の所属先は、日本では73.6％がIT 企業、事業会社への所属が26.4％なのに対し、米国では35.1％対64.9％と、大きく異なっている[14]。

デジタル業界では人材確保の手法の１つとして買収が行われており、カインズと同じ小売業の米ウォルマートも、長年にわたり様々なデジタル企業を買収してきた。一方でカインズは買収ではなく、カインズテクノロジーズという別会社を設けてデジタルサービス構築能力を確保する方法を選択した。

買収を行わなかった理由として、池照氏は自社、買収対象企業双方の要因を指摘した[15]。自社面では「まずベースラインのテクノロジー人材がいないと買収もできない。そこは多分始まりのところは、ある程度自分たちでその型をつくっていかないとできないというのはあった」と述べている。この点は、外部知識を認知・同化・変換・応用する能力としての吸収能力[16]が、当時のカインズにはまだ十分にないと判断された結果と考えられる。そして買収対象企業側の要因として「買収は実は色々考え、実際にいくつかの企業の社長とも会ったが、カインズの目指すやり方に合わない会社が多かった」点も挙げた。ウォーターフォール型の開発に慣れている人材を買収で獲得しても、アジャイル型開

13　水野圭基（2021）、「【カインズアプリ開発の裏側】導入までわずか４カ月！カインズ店員が使う〝あの端末〟のヒミツ」、となりのカインズさん、2021年５月６日。

14　鈴木慶太（2023）、「日本のIT 人材は５年で20万人増もIT 企業の「囲い込み」は不変、IPA 調査」、日経クロステック、2023年３月16日。(https://xtech.nikkei.com/atcl/nxt/news/18/14852/)

15　池照直樹（2023）、「カインズ社の取り組みに関するインタビュー」、池照直樹、2023年３月13日。

16　Cohen, W. M., & Levinthal, D. A. (1990). Absorptive Capacity：A New Perspective on Learning and Innovation. *Administrative Science Quarterly, 35*（１）, 128–152.

発に対応するための再教育が必要となる。それはすなわち費用や時間面でコストとなるため、買収には至らなかった。

そのため、東京都港区の表参道にカインズテクノロジーズが設立され、2019年6月からデジタルサービス構築のための人材の採用が本格的にスタートした。ただし、池照氏は組織を別会社にすることは決して本意ではなく「本当は全員カインズに入ってほしかった」という。発注側と受注側に分かれるのではなく、双方が一体化された状態をいかにして作るかという点に逆行した流れであるためだ。カインズの伝統的な人事制度やカインズ本社のある埼玉県本庄市が勤務先では、デジタル人材の採用が難しいと思われたため、それらの課題を解決するまでの時間稼ぎが、カインズテクノロジーズの担う役割であった。

また確保した人材のカインズへの定着については、PROJECT KINDNESSの4つ目の柱である「メンバーへのKindness」の取り組みとして、2021年9月に「DIY HR」というコンセプトがリリースされた。この人事制度の変革の一例として、キャリアパスを専門技術などに特化したプロフェッショナル型とマネジメント型の2つに分け、ある時点でどちらかのパスの選択や、一方のパスから別のパスへの移行もできるような仕組みが導入されている。なお、この新人事戦略は、日本の人事部「HRアワード2022」企業人事部門最優秀賞を受賞している。

2 ▸▸▸ 店舗への落とし込み

デジタル関連の取り組みに関するリーダーを決めるときに、必ずしもデジタル関連の知見には強くないものの、自社の業務や従業員の人間関係などを把握している内部の人間の方が適しているのか、それとも自社内のことは理解していなくても、デジタル領域に明るい人材を外部から招聘すべきか、については議論となる点である。カインズでは5年以上にわたって社外からアドバイスを行ってきた池照氏を、2019年2月に社員として迎え入れたが、その当時はどのような状況だったか、池照氏は振り返る「まず入社したときに、どんな風に受け入れられたかというと、まあ嫌がられていた。それは何となく肌で感じていること」[17]。

そのような状況で取り組みに戦略性がなければ、受け入れてもらうこともまずない。そこで、店舗への戦略やその実行のため、池照氏は「必要なことは全部やった。成長戦略で固定費用を変動費用に変えていくとか、スケーラブルにしていくって、それっていくらになるの？というストーリーを作っていくのは最低限やらないといけないこと」とする[18]。全社で２万人にも上る店舗メンバー全員に理解してもらい、「デジタル会員とそうでない会員の年間LTVが20％程違うため。そのLTVを会員全てにあてはめにいく」というような、誰もが納得できるロジックを用意した。

次に、その戦略を実践する上で大切な店舗メンバーの気持ちについても、細心の注意が払われている。例えば、通常のアプリの開発は普通に行うと１年程度かかっていたが、当時その間何もしない、というわけにもいかなかった。そのため、それほど多くの機能があるわけではなく、会員証のバーコードだけ移せるような仕掛けに絞ることで、店舗メンバーから来店客へのメッセージも「それを使えば、カードを忘れても問題ありませんよ」というように、シンプルにすることができた。すると、店舗メンバーにとっても取り組みやすく、その結果としてデジタル会員が増え、売上が成長した。このことを経験することで「売上成長は自分が作った成長」と思うことができ、それが「デジタル施策の自分ごと化」につながっていった[19]。また、Find in CAINZアプリも同様で、店舗メンバーの意見も取り入れながら、デジタル施策によって業務効率化が図られることを、比較的早い時期に店舗メンバーが体感することで、店舗メンバーのデジタル戦略やその取り組みに対する信頼を醸造することにつながった。英語でいうところの“low-hanging fruit”、いわゆる「それほど資源を投入しなくてもすぐに達成可能な目標」を達成することの重要性を見出すことができる。

17　池照直樹（2023）、「カインズ社の取り組みに関するインタビュー」、池照直樹、2023年３月13日。

18　同上。

19　同上。

そして、いくら店舗メンバーに分かりやすいコンテンツを用意し、デジタル施策に対するポジティブな気持ちを多くの人が持ってくれるようになったとはいえ、店舗毎に施策の取り組みに違いが生じることも考えられる。そのような状況に備え、BI ツールを用意して、どの店舗が頑張っており、既存顧客のデジタル化が何％向上し、新規顧客が何％ということを、エリアマネージャーの名前と共に、全店舗を対象にすぐに見られるようになった[20]。このような嫌味にならない程度の仕掛け・プロセスが構築されることで、デジタルサービスの店舗への落とし込みが図られていった。

5 まとめ

ここまで、2018年の IT 小売業宣言時点では特にデジタル領域に強みを持つわけではなかった企業による、オムニチャネル化による顧客体験の向上に向けた取り組みを見てきた。最後に本項では冒頭で設定したリサーチクエスチョンへの答えをまとめたい。

1 点目の「デジタルサービス構築能力を自社内に備えるべき理由」に対しては、近年のクラウド化やサービス利用者のニーズを把握することの難しさが挙げられる。前者によってクラウドサービス事業者が管理するシステムを、開発や利用の状況に応じて拡張・縮小などの変更を行えるため、ハードウェア面からの制約が減少した。さらに、サービス開発段階で利用者の要件が確定していることは多くないため、日々改善を積み重ね、デジタルサービスを改善していくことがより重要になってきた。このようなアジャイル型での開発を進める場合、社外の開発会社を中心としたサービス構築では数多くの開発中の変更に対するコミュニケーションと対応に時間がかかることから、自社内にサービスを構築する能力を保持する重要性が高まっている。

2 点目の「デジタルサービス構築能力の獲得」では、採用や人事制度の重要

20 同上。

性を見出すことができる。前記のアジャイル型でサービス構築をできる人材は、小売業界だけでなく、多くの業界で必要とされているため、人材確保の必要性は理解できても、給与などの報酬面から難しい場合も見受けられる。確かにこの点は働き手にとって重要な要素ではあるが、それが全てということでもない。アメリカの病院でCIOを務めるジョン・ハラムカ博士は、人材確保のポイントとして、「ミッションへの共感」「イノベーティブ・最先端な組織」「家族的な雰囲気」の3点を挙げている[21]。カインズでも、応募者が納得して入社できるように採用時に戦略を詳しく説明し、人事制度として専門技術を追い続けることのできるプロフェッショナル型のキャリアパスが整備された。家族的な雰囲気という面でも、親切心を意味する「Kindness」を大切にする価値観が重要とされている。これらの点は、小売業においてデジタルサービスを構築する人材を確保するために必要なアプローチと考えられる。なおこの点に関連し、一定のデジタルサービス構築能力を保持している現在、その影響の1つとして、今後は同能力強化のために、買収という選択肢も取りやすくなった点を指摘しておきたい。

最後の「デジタルサービスの運営への落とし込み」に関しては、ビジネス上の必然性を明確にし、メンバーに対して丁寧なコミュニケーションを図ると共に、そのサービスを自分ごと化するための仕組みが重要な役割をはたしていた。流行りだからデジタルサービスを進めるのではなく、自社の現在や将来にとって必要であることを、誰でも理解できるようにシンプルに説明し、デジタル会員の割合や売上増などの共有が行われた。それにより、メンバーの中で「自分もデジタルサービスに関わる一員として貢献した」という認識が生まれ、デジタルサービスを推進する要因の1つとなっていた。

多くの企業ではデジタル関連の取り組みに苦戦している。マッキンゼーの調査[22]によると、約7割の企業でデジタル化は途中で行き詰まり、その中で自社に関連する要因として、リソース問題、変革に関する戦略が不明確であること、

21　Kane, G. C. (2015). How digital transformation is making health care safer, faster and cheaper. *MIT Sloan Management Review, 57* (1).

部門間での調整が上位を占めている。オムニチャネル化を進める上で、デジタルサービス構築能力の確保、顧客や自社にとっての利益から導かれた戦略、そしてその戦略に沿った取り組みの自社内への展開など、カインズの取組は多くの示唆を示している。

謝辞

この章の執筆に当たっては、カインズの執行役員 CDO 兼 CMO 兼デジタル戦略本部長を務める池照直樹氏に取材にご協力いただくとともに、同社広報部より草稿へのコメントと図版のご提供をいただきました。記して感謝申し上げます。なお、本章の内容は、すべて筆者の責任にあります。

---

22 Blackburn, S., Bughin, J., & Laberge, L. (2020). How to Restart Your Stalled Digital Transformation. *Mckinsey Digital*.

第III章 オムニチャネル行動による売り場提案の変革
――株式会社サンキュードラッグ

1 はじめに

オムニチャネル化とは、企業がモバイル等のデジタルチャネルなどを用意して顧客とのエンゲージメントを醸成していく取り組みである。しかし、オムニチャネル化は、個別企業だけの取り組みでは決してない。様々なチャネルを介してマーケティング活動を行っていく上では、ステークホルダーとの関係性も変わってゆく。本章ではオムニチャネル化が進む現代における、メーカー・卸・小売という取引関係やマーチャンダイジング（以下MD）の変化を取り上げる。

オムニチャネル・ショッパーは、オンライン／オフラインを行き来し、スマートフォン（以下スマホ）で様々な情報に接し、購買行動やイベント参加などのアクションを行う。そのような時代においては、小売業の店舗における売り場づくりや顧客対応も当然変化するが、メーカーや卸の営業活動、小売におけるMD活動もそれに合わせて変化している。

その現場の事例として本章では、福岡県北九州市にドミナント展開する株式会社サンキュードラッグを取り上げ、「潜在需要発掘研究会」という、月に1回のペースで実施されているID-POSデータを活用した協働型のMDについての研究会の様子を紹介する。たとえば売り場に来る前にスマホをみたり、スマホで事前・事後に情報収集をするといったオムニチャネル対応を踏まえた売り場提案が行われていること、またその中での事例を通じて、「どのような消費者のオムニチャネル行動が起こっていて、それをメーカーや卸はどのように提案に盛り込んでMD活動をしているのか、そしてどのような成果が出ているのか」をリサーチクエスチョン（以下、RQ）とし、本ケースにてそのRQに対して回答する。

さらに、オムニチャネル化は水平的・垂直的な統合や連携が求められることは様々な文献で指摘されるところだが、本章ではサンキュードラッグという一社の小売業だけではない、リージョナルチェーンをつないだデータの活用、また消費財流通の範囲を超えたデータが今後どのように活用されていくかについても紹介し、企業の垣根や壁を越えてつながっている消費者の情報をどのように活かしているのかについても紹介する。

2 サンキュードラッグの活動

本章ではサンキュードラッグと同社の潜在需要発掘研究会の活動、そしてリージョナルチェーンのID-POSをつないでいるSegment of One & Only株式会社（以下「SOO」）について節を分けて紹介する。同研究会については既に様々な文献等で取り上げられているので、最新の情報やオムニチャネル行動に関する情報に焦点を当てて紹介する。

1 サンキュードラッグと「潜在需要発掘研究会」

サンキュードラッグは本社を福岡県北九州市門司区に置き、2023年３月末時点で1,489名の従業員（うち社員416名、嘱託職員・パート1,073名）によって42店舗のドラッグストア、調剤薬局33店舗を展開する。人口減を続け、政令指定都市の中で高齢化率第１位の高齢社会となった北九州市を地盤としているにも関わらず、その売上高は基本的に右肩上がりを継続している。カード会員は約30万人、WEB会員は約16.4万人存在し、2023年３月期の売上は257億3667万円で、その構成はドラッグストアが約６割、調剤が約４割となっている。

サンキュードラッグが行う「潜在需要発掘研究会」は、同社のID-POSデータの共有とその分析をもとに行う協働MD活動として2007年４月に売り場提案をする立場側からメーカー・卸を中心に31社体制で始まり、およそ月１回のペースで実施されている。取材時点では86社が参加し、実施回数は190回を数える。小売によるメーカーや卸など流通業者とのデータ共有は、Walmart が1991年に構築した「Retail Link」が競争優位戦略の代表とされるが、わが国においては2000年にコープさっぽろがはじめた「コープ宝箱サービス」による取引先への POS 情報全面開示が革新的とされる。コープさっぽろは売上高3,000億円を超える規模を有していてその影響力も大きいが、サンキュードラッグが行う潜在需要発掘研究会は、近年統合が進むドラッグストア業界におけるリージョナルチェーンの取り組みであるにも関わらず、そのユニークさがメディアや流通専門誌などで幾度も取り上げられ、ドラッグストア業界や小売流通の業界ではよく知られた研究会である。

潜在需要発掘研究会の詳細は中川・守口（2012）を代表とする既存文献に詳しいため簡易な直近の説明にとどめるが、同社の購買データをメーカーや卸の担当者が ASP（Application Service Provider）を通じて分析し、その結果と共に売り場提案を行い、ブラッシュアップをしたうえで売り場を展開し、そして数カ月後に検証を行うという基本は現在も変わっていない。

中川・守口（2012）では、クラシエ薬品「八味地黄丸」の夜間頻尿や排尿困難といった症状に焦点を当てた POP の事例で、店舗によってパターンを分けた実験でより効果の高い POP がわかることや、リピート率にはトライアル向けの POP とは異なるものが効いたことなどが紹介されており、そのほかにも高齢層に人気の高いシャンプーの販売でカテゴリー育成につながったケースなど、データ分析の成果が効果をあげた例が紹介されている。

中川らの研究から10年以上が経過した今、現在の研究会における提案で具体的に多いケースは以下の通りである。まずは提案対象商品の機能等の詳細や企画主旨、市場動向などの背景が説明され、その次に提案時点でのサンキュードラッグのデータ分析の結果が提示される。具体的には売上の「因数分解」（買上率、1人当たり購入数量、平均売価、購入頻度、1回当たりの購入数量）による増減した数値の把握、性年代などの顧客層の購買状況、リフト値[1]による併売商品などである。そしてそれらのデータを踏まえた上で、企画の具体案として売り場構成案、POP などの掲示物やそのメッセージ、企画の目標値などが示されたのちに、平野健二社長以下、社員の方々や時には提案を行う企業とは別の企業担当者を含めた質疑応答や議論が行われる。そして実際に売り場での提案された施策が展開された後、研究会で細かい成果や検証報告がなされ、反省点や今後の展望などが示される。

これらの提案活動の中に、現在はスマートフォン（以下、スマホ）を主とした売り場以外のチャネルを介した訴求や、サンキュードラッグ以外の購買データが示されるが、次節ではそのデータを提供する Segment of One & Only 株式会社を紹介する。

2 ▸▸▸ Segment of One & Only 株式会社

Segment of One & Only 株式会社（以下 SOO）は、2008年 6 月にサンキュードラッグの平野社長を代表として、サンキュードラッグのデータ活用の仕組みをリージョナルチェーン中心に業界横断的に提供するために設立された。加盟企業数34社、店舗数約1,500店、データ件数80億件以上を統合し、そのデータを提供してコンサルティングなどを行っている。2023年 3 月時点で参画する企業の総年商は8,000億円以上、カード会員数は1,120万人を超えるという非常に大きな基盤である[2]。

前節の最後で述べた、メーカーや卸による提案のなかで示される「サンキュードラッグ以外の購買データ」を提供しており、サービスを利用する企業は、サンキュードラッグを含む小売企業に売場展開などの提案を行う際に、提案先以外との比較を示すことができる。シンプルな例であるが、提案先以外で売上等の数字が伸びていればその提案先企業でも伸びる可能性がある、といった内容

1　リフト値：商品 A（前提部）と一緒に商品 B（結論部）も購入した人の割合は、全てのデータの中で商品 B を購入した人の割合よりどれだけ多いかを倍率で示したもの、とされる。（参照：ビッグデータマガジン HP https://bdm.dga.co.jp/?p=1341）

2　次の記事に加筆修正：「薬局 DX を加速させる32社のドラッグストア連合「SOO」の実相」, ドラビズ on-line, https://www.dgs-on-line.com/articles/570（アクセス日：2023年 4 月 4 日）

の根拠を得ることができる。同社は2021年５月には「SOO Looker」をリリースしているが、同サービスを用いればデータの可視化に優れたBIツールを用いながら、マーケティングに必要な様々なデータやグラフを含めた結果を容易に取得することが可能である。

そして同社は、購買データの活用以外にもドラッグストア向けのスマホアプリケーションサービスとして「ドラポン！」を提供しており、サンキュードラッグをはじめ、加盟34社中20社がそのサービスを利用している。ドラポン！を介してはクーポンのプッシュなどはもちろん、動画配信、サンプリング、セグメンテーションなどを可能としている。

またSOOとしては「SOO Ads」で店舗から一定距離にいるスマートフォンへ広告配信、気象に連動した配信なども可能としている。さらに博報堂との協業では「生活者ヘルスデータ®」によって健康上の悩みなどをスコア化し、先のドラポン！などを介した個客ごとへのアプローチも実現している。

潜在需要発掘研究会における基本的な流れは前節に記した通りであるが、そこにSOOのデータが加わることで、まず「SOOデータとの差分」を分析することが可能となる。実際に研究会においては、SOOデータとの差分を示すことで潜在的な需要を確認することがほとんどの提案に盛り込まれている。SOOの購買データは、メーカー・卸目線では自社が管理可能なチャネルやタッチポイントではないかもしれないが、Lemon and Verhoef（2016）が示すところの、企業・チェーンの壁を越えた「パートナーオウンド」のタッチポイントの例としても捉えることができるだろう。

そして重要となるのが、ドラポン！を主とするスマホを含めた多チャネル展開である。ドラポン！がチャネルに組み込まれたことから、いつ誰にどのようなプッシュ通知を行うか、その通知の内容、アクセスして見られる動画等のコンテンツの内容、目標となる開封率、動画視聴率など、様々な分析視点や指標などを提案内容に含むことが研究会では当然となっている。次節では現在の潜在需要発掘研究会の様子を紹介しよう。

3 企業の売り場提案

本節では、まずユニ・チャーム株式会社のお掃除ワイパー商品の事例、同社の他の商品展開事例、そしてSOOにおける事例を示す。

1 お掃除ワイパー商品「ウェーブ」（ユニ・チャーム株式会社）

本節では2020年における、ユニ・チャームの「ウェーブ」ブランドの活動を紹介する。同社の「ウェーブ」ブランドには提案時点で大きく2種類のラインアップがあり、床用に柄が長く、家具の隙間にも届きやすい「フロアタイプ」（「フロアワイパー」など）と、柄が短く様々なところに使いやすい「ハンディタイプ」（「ハンディワイパー」など）が存在した。

ユニ・チャームの提案ではまず市場動向が示され、家庭の清掃をより簡便に行う・行いたいという消費者ニーズが高まり、ワイパー商品市場が拡大していることを調査会社のデータで示し、続いてSOOのデータで因数分解の結果から買上率が減少していること、その原因が新規購入者の減少にあることを示し、新規獲得に潜在需要があることを明らかにした。ユニ・チャームは、ターゲット顧客を「その年にフロアワイパー本体を買っていない顧客」と明確に定め、隙間の奥にも届きやすいといった同商品の提供価値と訴求内容を定めた上で、「認知と理解」が新規購入のカギとし、デジタルと店頭を連動させた施策が潜在重要研究会とSOOの「ID-POSマーケティング研究会」にてサンキュードラッグに提案された。

提案された施策は、ドラポン！を介してターゲット顧客に対し、メール配信、クーポン配信などを行って「読み物」へと誘導し、それに連動して店舗の定番・エンド・什器展開においてPOP等で価値を伝達するという内容である。そのうち、デジタル施策の実際の提案資料の一部を図1に示す。他社の売り場提案やMD活動においても様々なチャネル展開が前提となっているところもあるかもしれないが、このスライドを見るだけでも、ライフステージというセグメ

図1　ユニ・チャームの提案資料の一部抜粋

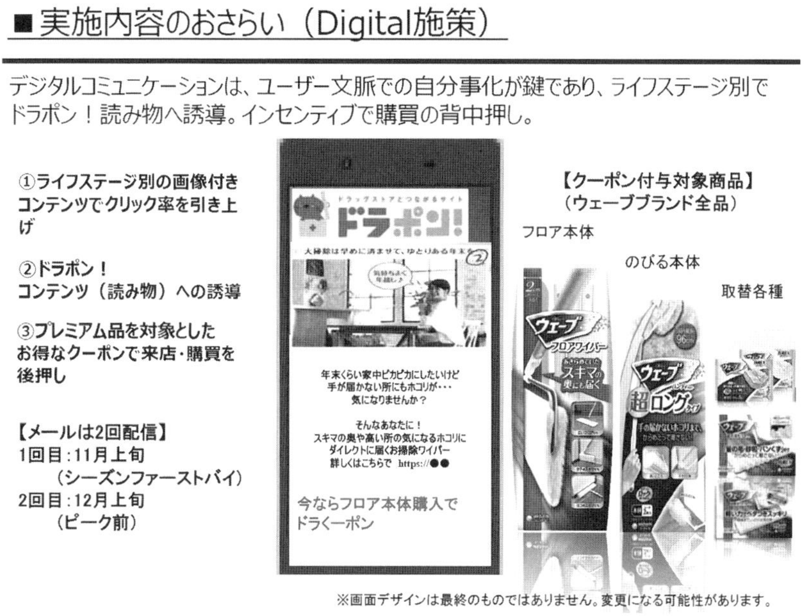

出典：ユニ・チャーム許諾のもとで提示。筆者によって一部加工。

ント別の画像展開、機能理解をしてもらうための読み物への誘導、クーポンによるオファー、メール配信の時期などが考慮されていることがわかるだろう。実際の資料における訴求内容の提案では、動画などの内容、実店舗におけるPOP等の掲示や什器展開、メール配信時期の説明などが続く。

全2回のメール配信においてはタイミングを考慮し、シーズン前半に売上がピークになる時期と年末の売上がピークになる前が選ばれており、ここでもデータが活かされていることがわかる。「読み物」においては清掃機能がすぐわかる動画によって理解を促進し、店頭POPもそのメールや動画による訴求に合わせた機能を重視する内容として展開がなされた。

以上が、ユニ・チャームによって、潜在重要研究会と「ID-POSマーケティング研究会」で提案された内容の概要である。

図２　ユニ・チャームの提案内容に関する検証資料（一部抜粋）

■ページ閲覧者のクリック率・CVR

メール画面からおすすめページを見られた方のCVRは11月は5.1%と高いが12月に同様のmailへの反応は鈍かった。

同じ内容で2回配信

	11月	12月
メール配信者		
メール開封率		
クリック率		
おすすめPage 来訪率		
来訪者CVR	5.1%	3.2%

購入期間(11月)
2019年11月1日―2019年12月31日
購入期間(12月)
2019年12月1日－2020年1月31日

出典：ユニ・チャーム許諾のもとで提示。筆者によって一部加工。

続いて施策展開後の検証結果がユニ・チャームより説明された。まずメールによる訴求については、配信数、開封率、クリック率などの確認が行われると共に、CVR（Conversion Rate）が目標を超える5.1%となり、デジタルの訴求における十分な成果が確認された。この実際の資料が図２である。配信や開封の実数値は、報告資料の中に掲載されている。

図２の資料をみても、デジタル施策展開におけるCVRが予め設定され、その目標数値が細かく実績検証されていることがわかるはずである。CVRという単語はもはや解説不要であるほどWEBマーケティングにおいては当然過ぎる言葉だが、10年以上前の小売流通においてはあまり語られることのなかった言葉ではないだろうか。オムニチャネル化が進んだ現代において、少なくとも

この潜在需要発掘研究会やID-POSマーケティング研究会というMD活動の場においては、WEBマーケティングにおける用語が小売流通でも当たり前の言葉として使われ、ネット・アプリ・デジタルの提案や効果検証が行われているのである。

検証面において、次に購買についての目標値到達の確認がなされ、買上率の目標値のうち、フロアタイプ本体も目標を達成、「取替用」の商品に至っては買上率の目標130%を非常に大きく上回る389%増となり、対象商品の新規購入率も目標の120%を大きく上回る150%超となり、好成績であったことが報告された。売場展開実施店と非実施店の差も検証され、非実施店における新商品の買上率が大きく下がっていたことなどが報告された。それ以外にも、性年代別の訴求効果、定番・エンド・什器の売場別の効果、新規だけではなく継続購入者の取り込みにおいても効果が出ていることが確認された。

以上が事例の１つ目の結果である。メーカー・卸が売場提案段階でモバイルを介した訴求を前提とし、売場以外の、WEBアクセスや動画視聴など、様々な数値の確認をしていることがわかる。

2 ▸▸▸ キッチン用洗剤

本節では、同じくユニ・チャームの、キッチンにおけるシンク用洗剤の例を紹介する。

まず提案において、SOOのデータに基づき、食器用洗剤との併売が高いのにも関わらず、当該商品の買上率が低いという課題、その原因は食器用洗剤でシンクも洗う行動にある点が示された。続いて女性20-40代というターゲットに対し、キッチン用洗剤カテゴリーにおいて、ドラポン！を介した施策展開案を示した。具体的には、商品の使い分けを説明した動画と読み物をメールで配信し、「ドラクーポン」による値引き訴求、売り場における配列や什器による施策展開案がトライアル実施され、検証後、ブラッシュアップされた施策として本格的に展開された。

結果としては、買上率目標120%を上回る150%を達成、併売率は目標に届かなかったものの、当該商品の新規購入率が180％超、実施エンドにおいては200％を超え、多数の新規購入者を獲得し、併せてカテゴリーの新規購入者も増加した。ドラポン！を介した訴求ではメール開封者の18％ほどがカテゴリーにおける新規購入者となり、動画ページをみた人のうちの４％が当該商品を新規で購入するなど、潜在需要の発掘を推進した。

このシンク用洗剤の例からも、デジタルの訴求が細かく企画・提案され、その数値結果も開封率、閲覧率などの数字が、新規・継続、カテゴリー購入や当該商品購入などの数字と共に詳しく検証されていることがわかる。店舗購買と紐づくアプリ利用者IDがあり、特にメール開封などのデジタル上の行動が、店舗での商品購入など店舗購買につながっていること、その比較検証が行われることは現在実現してない小売企業も多く、重要な示唆と言えるだろう。

3 ▸▸▸ その他事例

本節では、SOOとサンキュードラッグの取り組みから、処方薬の利用分析における今後の可能性について以下にて説明する。

SOOは加入企業の処方データを分析しており、加入チェーンごとの服薬の継続回数等の差を含めた可視化は既になされており、加入企業がそれを活用できる体制が確立されている。たとえば疾患ごとに、チェーン間による服薬の継続回数、服用期間などの違いなどを数クリックで立ちどころに把握することが可能である。仮に、同じ疾患でもチェーン間でもし継続回数などに望ましくない方向に大きな違いがみられるようであれば、その乖離の理由を調べるべきであるが、そうした分析を瞬時に行うことができる。処方はその様子が可視化すらできていないところもまだ多く、それが時系列だけでなく、他の複数チェーンとの比較という形で行えることは、医療的にも重要な情報源となるだろう。

処方薬であれば、疾病の改善や治癒に向かって処方があるべき水準や規範に沿ったものとなっているか、場合によっては医療費削減などの目的に近づいているのか、といった、マーケティング観点の分析とは異なる観点での分析が行われることになる。これまでオムニチャネルの事例として紹介されてきたのは消費財の中でも、最寄品や買回品であることが多かったが、処方薬・医薬品流通の場においても企業・チェーンの壁を超えた連携が既に実現しているのである。

さらにサンキュードラッグにおいては、将来的な活用を見据えて、処方データとドラッグストアの連動を検討している。顧客のパーミションなどの課題もあるが、これが実現していくと、全く異質なデータがつながることによって、より消費者理解が進むこととなる。

以上、具体的な研究会における提案事例や、処方薬における企業の壁を超える例などを紹介してきた。処方についてのデータ連携やオムニチャネル化はまだまだ発展途上と言えるが、少なくとも一小売企業のチャネルがマルチチャネル化・オムニチャネル化するという観点だけでなく、メーカー・卸の立場としてはチェーンを跨ぐ形で自社ブランドの購入者や見込み顧客にアプローチが出来、企業間のMD活動においてもオムニチャネルの考え方が必須であることが本事例を通じて理解できる。

4　まとめ

本章ではオムニチャネルという本書のテーマを前提にして、考察と指摘をまとめとして示したい。1点目は、本事例において、一小売企業のマルチチャネル対応ではなく、企業・チャネルなどの壁を超えた連携やデータ活用がすでに実現しており、真のオムニチャネルに近づいていることを示した点である。2点目は、今後の課題を踏まえ、オムニチャネルを含めた訴求の知識や、多様なデータの分析能力がより求められる点を示した点である。

1 ▸▸▸企業などの様々な壁を超える重要性

本事例においては、伝統的な小売流通のMD活動等とは異なり、いくつかの重要な壁が超えられていた。それは、消費者に接するチャネルの壁、チェーンの壁、競合の壁にまとめることができる。

本事例からは、いちメーカーが消費者にアプローチをする際に、ドラポン！といったオンラインチャネルを活用し、店舗というオフラインチャネルの訴求を補完するという、オンライン / オフラインチャネルの壁が超えられている様子を紹介した。

しかしそれは、チャネルという言葉は同じでも、オンライン / オフライン（店舗）というだけでなく、小売チェーンの先の消費者とのタッチポイントという意味での、販売チャネル・コミュニケーションチャネルという意味のチャネルの壁をも超えていることを意味する。

従来「チャネル」という言葉は販売チャネルを示すことが多く、近藤・中見（編）（2019）でも、オムニチャネルにおける「複数チャネルの利用者は売上が上がる」といった言葉は販売チャネルをメインとして捉えられており、コミュニケーションチャネルとしてオムニチャネルを捉えることの重要性が指摘されている。今回示した事例では、購買データ等に基づいてプッシュするセグメンテーションを行えることを含めて、小売チェーンの先の消費者にまで、メーカーが考慮する内容を伝えられるコミュニケーションチャネルが繋がっていることがわかる。

従来、最寄品や消費財のメーカーは、インタビューやアンケートなどは当然として、調査会社からチェーン横断的な POS データ（もしくはシングルソースデータ）を購入しての分析を行ってきている。もしくは小売チェーンの販売状況をもとに店舗 MD 活動を提案してきた。しかし基本的には、小売店で購入する最終消費者の情報がとれず、自社の商品を購入してくれる顧客のことがわからないと言われ続けてきている。当然メーカーとしては、単体でキャンペーンをするなどして、店舗に加えて独自のコミュニケーションチャネルを有すことはあるし、独自の直販に誘導するといったことが可能なメーカーがないわけではない。

しかし今回の事例のように、出来ないと言われ続けてきた「最終消費者の様子がわかり、その顧客と販売チャネル以外で接する」ことが実現できている意義は大きい。これが超えられている壁の１つ目であり、オムニチャネルはこれからコミュニケーションチャネルとしての重視がなされていくことの好例と言えるだろう。

本事例ではメーカー・卸の視点でオンラインのモバイルの訴求を行っていることや、新規・継続購入の検証がなされていることを紹介したが、それは見方を変えれば小売チェーンを介してダイレクトマーケティングの形が実現しているとも言える。個人を見ずに、またモバイルやインターネットなどのチャネルなどを考えずに、大量陳列やPOP展開などの店頭訴求だけを行う時代はもう過去のものと言ってもよいかもしれない。

２つ目の壁は、チェーンの壁、さらにはその上の業態や業界の壁についてである。

今回SOOのデータが活用されていたことは、加盟企業という枠はあるがチェーンの壁を跨ぐ形でデータが取得できており、それをメーカー・卸の立場が分析できている。従来はPOSデータに基づくMD研究会のような場は、チェーン単体の範疇が多かったと思われるが、その壁が超えられていることを意味する。

近藤・中見（編）(2019) ではイオンやセブン＆アイのような流通コングロマリットを挙げて「多業態性」を日本版オムニチャネルの特徴としていること、SOO加盟店は地域密着の小売業に限っていることからも、調査会社の購買データ以外に、日本全体の小売チェーンを跨ぐようなデータが当然となることは難しいのかもしれないが、チェーン「間」の分析が既に当然となっていることは、流通業・小売業に関わる者としては強く認識をすべきである。

３つ目の壁は、競合の壁である。

サンキュードラッグの潜在需要発掘研究会を語るうえでは、「企業主体の連携」という観点も欠かすことはできない。伝統的な、もしくは他チェーンにおける売り場提案では、多くはメーカー側の販促費等を値引き原資として棚を買うことも少なくなく、またメーカーや卸は互いに競争しており、同時に協力し合うことや協働をすることはあまり多くはないだろう。

しかし、平野社長は潜在需要発掘研究会の意義を次のように説明する。「人口減に転じる世の中において、基本的に売れる数は減っていく。そのようなときに販促費を使って価格を下げるよりも、価格は据え置いても売れる、同じ値段でも価値をしっかり伝えることで売れる、そして市場を膨らませる。膨大なデータの分析も行うが、その分析はお客様にとっての価値やメッセージを紡ぎだすことが目的である」。その上で「うちは多くのケースにおいて、価格で棚は売らない」とも宣言しており、この潜在需要発掘研究会においてはメーカー・卸が連携して同じ時期に同じカテゴリーレベルの売り場提案をすることもしばしばみられる。例えば筆者が取材した潜在需要発掘研究会における住居洗剤カテゴリーの提案においても、３社の担当者が同時に登壇し、企画や取組検証の報告を行っていた。

オムニチャネルは、多くは小売企業単体での目線で、自社の顧客と接する上で、いつでもどこでも接することができる、シームレスなチャネルという観点で理解されることが多い。しかしサンキュードラッグや潜在需要発掘研究会においては、競合企業の壁を超えた「カテゴリー内外の他社連携」が既に実現されている。これは、自社のオウンドチャネル、またパートナーを介したチャネルという観点を超えて顧客と接することが出来ていることを意味する。オムニチャネルを理解するポイントのひとつが顧客中心主義であるが、単体の企業目線ではなく顧客目線で、シームレスなチャネルを横断して顧客と企業が接することが、この潜在需要発掘研究会においては実現されていると言えるだろう。

2 ▸▸▸ 多様なデータの分析能力

まとめの２点目は、現状の問題点の指摘、今後のメーカーや流通小売業の課題にもなるが、オムニチャネルを前提としたマーケティング知識や分析能力がより一般に必要になる、という点である。

今回の事例においても、データ分析が行われ、それに従って提案がなされ、デジタルを介した訴求や売り場展開が実現し、そして検証を通してマーケティングが行われていた。当然、大元となるデータの分析が必要であり、その解釈や提案をしなければならない。

従来のMD研究会は､一小売企業のPOSもしくはID-POSの分析にとどまっていたが、前節で述べたとおり、チャネルはオンラインのコミュニケーションチャネルの行動が含まれ、チェーンの枠を超えて他社チェーンとの比較ができる。データ分析できて、より消費者を細かく知ることが可能となったことは間違いなく良いことではあるが、件数、変数が膨大となり、データが多岐にわたり、その分析には知識や経験が求められる。

従来のID-POSデータの知識だけでなく、同時にスマートフォンアプリの利用、コンバージョンなどを踏まえたWEBアクセスや動画閲覧などの各種ログを見なくてはならず、デジタルマーケティングの知識も必要となる。さらにはそうしたデータを分析する上で、（今回のケースであればSOO社が提供する）BIツールも駆使しなくてはならない。

現場を取材する限りでは、チェーンの営業担当者がデータを分析するということはあまり多いとは言えず、予想されることではあるが、データの分析は本部、たとえばマーケティング部などが担当しているケースが多かった。メーカー・卸のリージョナルチェーン担当者がそのような能力を有すことは現実的ではないし、ローデータを前処理してわかりやすい可視化をするとまではいかなくとも､少なくとも営業担当者はBIツールに最低限触れることができ､データや提案内容、検証結果を理解しなくてはならない。

前節で示したような、真の意味でオムニチャネルと呼べるデータ活用が進めば進むほど、それを読み解くことが求められる。営業担当者をはじめ、流通業全般に分析能力、オムニチャネルを前提としたマーケティングや消費者行動の知識が必要になる。もはや、オムニチャネルにおける顧客行動のデータ分析やその解釈、仮説導出や提案は、本部やマーケティング部だけができればよい時代ではなくなった。

数十年単位で昔をみてみれば、CRM（Customer Relationship Management）という言葉が広まって普及したが、データ分析をビジネスパーソンが広く行う時代にはなっていない。それと同じように、オムニチャネルも専門的な分析は本部マーケティング部などが担当し続けるのかもしれない。しかし、より成果を上げるマーケティング・MD 活動を達成する上では、オムニチャネルに関する最低限の知識を有し、BI ツールでごく簡単な集計操作を行うことくらいは、本部だけでなく店舗現場ができるべきであろう。

ツールや技術、マーケティングが進化する一方で、こうしたヒト側・組織側の要因が、オムニチャネル時代における顧客戦略を真の意味で実現する上での課題となることは間違いない。そのような時代の中で、まずは本書のような事例などから知識を蓄積することが求められるだろう。

最後に、冒頭に述べた RQ に答える。「どのような消費者のオムニチャネル行動が起こっているか」という点については、消費者がスマホで事前に情報探索をすることがドラッグストアでも起こっていた。「それをメーカーや卸はどのように提案に盛り込んで MD 活動をしているのか」については、具体的な提案資料に示した通り、事前のプッシュメールやサイト誘導を通した CVR などが盛り込まれて売り場提案がなされていた。「どのような成果が出ているのか」については、具体的な売上増が達成されていた。

消費者の行動変化は企業のマーケティングに変革をもたらすが、企業間取引にも変化・変革をもたらすことを理解し、新しい消費者の行動を捉えるとよいだろう。

謝辞

本章の執筆に当たって、株式会社サンキュードラッグ　経営企画室の藤井孝太郎様に、潜在需要発掘研究会への参加と取材、また提案資料掲載の調整や本章の草稿等に多大なご協力を頂きました。深く感謝申し上げます。

なお、本章の内容については、すべて筆者の責任にあります。

第IV章 店舗を軸にした顧客との「つながりの場」と支えるデジタル活用
——株式会社良品計画

1 はじめに

オムニチャネル化の取り組みは、店舗小売企業によるEC小売企業対策やショールーミングを行う消費者対応などのために始まったとされている。EC小売企業もこうした店舗小売企業対策やウェブルーミングを行う消費者対応などのためにオムニチャネル化に取り組んでいるため、出自の異なる小売企業によってオムニチャネル化が進められている。その際、EC小売企業は（店舗小売企業がこれまで展開してきた）フルサービスを提供する店舗に縛られる必要はなく、ECと連携させることで無人店舗やショールーミングストアといった特定の機能に特化した、あるいは機能再編した新たな形の店舗展開を行っている。店舗小売企業においてもそうした店舗の在り方を見直す動きが見られる。

小売企業の出自や業態あるいは経営理念や小売戦略、取り扱い商材などを超えて共通したオムニチャネルの在り方や形はあるのか。本章ではこうした問題意識のもとで、小売企業によるオムニチャネルを理解するため、株式会社良品計画（以下、良品計画）が展開する「無印良品」を事例に取り上げる。ここでのリサーチクエスチョンは、無印良品のオムニチャネルはどのように構築されてきたのか、オムニチャネルの本質とはなにかである。以下では、無印良品の事例を基にオムニチャネル化の取り組みとオムニチャネル戦略について整理し考察を行う。

良品計画は国内では「無印良品」、海外では「MUJI」のブランドで商品の企画・開発・製造から卸売、専門店事業の運営および商品販売を行う製造小売企業である。衣・生・食（衣服、生活雑貨、食品）を中心に7,000アイテムを超える商品と、世界全体で1,230店（国内587店舗、海外643店舗）に及ぶ店舗を展開している（2023年11月末時点）[1]。現在では、デジタル技術の活用を強化しながらも主に店舗を拠点に顧客をはじめ地域との繋がりを深めていこうとしている。

本章において無印良品を事例に取り上げる理由は、無印良品が早い時期からオムニチャネル化に取り組んできたためである。例えば、無印良品は店舗展開に加え、2000年にはネットストア（良品計画におけるECサイトの呼び名）を立ち上げ、2009年からソーシャルメディアの活用を通じた店舗とネットストアの相互送客施策の取り組みを行い、2013年には店舗とECを繋げる役割を担うスマホアプリ「MUJI passport」の導入などを通じて店舗とECの連携や統合を行ってきた。そのため、無印良品は国内におけるオムニチャネルの先端事例として取りあげられることが多い。こうしたオムニチャネル化に早くから取り組んだ企業を対象に、その企業のあゆみのなかでオムニチャネル化の取り組みについて紐解くことは、オムニチャネルの本質を理解する上で重要となる。

多くの小売企業は、PBも扱いながらも多くのNBを取り揃えることで充実した品揃えを実現している。その一方で、製造小売企業は自社製品の企画から販売に至るまでを手掛けており、顧客の声を直接的に製品や店舗に反映することでオムニチャネル化との親和性が比較的高いと考えられる。無印良品が展開する商品アイテム数は7,000にも及び、2021年のアイテム構成比は、衣服・雑貨23.7%、生活雑貨68.2%、食品8.1%である。その際、品揃えは主に自社製品のみであるものの、製品の魅力はそのまま自社チャネルへの吸引力となる。そのため、本章で扱う無印良品（良品計画）は、オムニチャネルに取り組む小売企業のなかでも出自としては店舗小売企業であり、製造小売企業という特徴を有する。

以下では、無印良品の発展過程とともにチャネル構築とその連携や統合の過程、すなわち、オムニチャネル構築の過程を整理する。表1では、無印良品の

1　海外店舗643店舗の内訳は、（東アジア494店舗（そのうち中国大陸370店舗）、東南アジア・オセアニア83店舗、欧米57店舗）であり、30を超える国・地域で展開している。

表１　無印良品の沿革とオムニチャネルに向けた取り組みのあゆみ

	無印良品の沿革		販売チャネル		商品やコミュニケーションなど	
オムニチャネル前史	1980	最初の商品を発売開始	1980	西武百貨店11店、提携店３店、ファミリーマート６店		
			1983	百貨店へのインショップおよび路面店出店	1983	路面店出店による「無印良品」の独自展開
	1984	西友内に商品企画室を設置				
	1985	西友内に無印良品事業部を新設				
	1980年代半ば以降	サプライチェーンにおける国際的なネットワークを構築	1980年代半ば以降	FC 店や直営店の出店攻勢		
	1989	株式会社良品計画設立	1989	店舗の大型化		
		独自のシステムやサプライチェーンを構築				
					1990	顧客の声を商品開発などに活かす取り組み「声のキャッチボール」
			1991	海外１号店出店	1991	海外店舗で「MUJI」と表記
	1993	物流子会社の株式会社アール・ケイ・トラックを設立（1998年までに国内４カ所へ物流センターや調達センターを構築）				
	1995	株式店頭公開達成				
	1996	「良品」ビジョンを掲げ、企業理念や行動基準などを制定				
	1990年代半ば以降	さまざまな事業展開の開始	1990年代半ば以降	さまざまな形態の店舗展開	1990年代半ば以降	商品ラインアップ拡大により消費者へのライフスタイル提案の実現と強化
	1998	東証２部上場				
	2000	東証１部上場 ムジ・ネット株式会社設立 初めての減益に陥る ポータルサイト「MUJI.net」を開設	2000	「無印良品ネットストア」を立ち上げ	2000	商品開発・改良へ繋げるために消費者の声を集める場の「無印良品ネットコミュニティー」を立ち上げ MUJI.net 会員発足（開始）とメールマガジンの配信開始
	2001	松井忠三代表取締役社長のもとで経営改革を断行（2004年頃には業績不振からのＶ字回復を果たす） ネットストア専用の物流センターを開設（2005年に廃止）	2001	国内外の不採算店舗の閉鎖 大型の新旗艦店（情報発信拠点）を出店 出店戦略の再構築	2001	ネットコミュニティで「MUJI+Car1000」を共同開発
	2003	企業メッセージ「無印良品の未来」の発信				
	2000年代	商品力強化の取り組み（「ＷｏｒｌｄＭＵＪＩ」、「FOUNDMUJI」、「モノづくり家具・家電」プロジェクト、「お客様の声プロジェクト」、「空想無印」など） さまざまな（飲食、住空間など）事業展開 IT インフラの再構築	2000年代	ネットストアをはじめとした店舗送客施策の実施とチャネル連携 ネットメディアの活用による店舗とネットストアの部分連携 さまざまな形態の小型店舗の展開（「MUJItoGO」、「ＭＵＪＩＢＥＡＵＴＹ」、「MUJIcom」など）	2000年代	ネットストアやメルマガをはじめとした店舗送客施策の実施とチャネル連携（MUJI.net 会員に対してサイト上に店頭で利用可能なクーポンの発行）、従来のマスメディアを活用した（マス）広告による店舗送客施策

	2008	「良品」ビジョンを改め、無印良品の目指す方向性「日本の基本から世界の普遍へ」を示す			2008	防災プロジェクトをスタート
	2009	WEB 事業部を新設	2009年以降	店舗とネットストアの連携を深める取り組み（検索や店舗在庫確認が可能な「WEB カタログ」や、「ネット注文店舗受け取りサービス」およびソーシャルメディアの活用の開始）	2009年頃以降	インターネット上での情報発信（「MUJI Global」、「play MUJI」）や顧客との共創の場の強化（「くらしの良品研究所」など）ソーシャルメディアを活用した顧客とオープンなコミュニケーション（ソーシャルメディアの公式アカウントの開設やその運用）
					2010年代前半	スマートフォンやタブレット向けのさまざまなアプリ開発・提供 書籍『MUJI BOOK』を発売
	2011	「感じ良いくらしをリーズナブルに」を企業ビジョンとすることを宣言	2011	ソーシャル（コマース）サイト「myMUJI」（2018年3月に終了）		
オムニチャネル化の取り組み	2013	グローバル MD システムを稼働	2013	店舗と EC を繋げる役割を担うスマホアプリ「MUJIpassport」の導入 「LOHACO」（ロハコ）に出店	2013	LINE 公式アカウントを開設
	2014	データを連携させて利活用する基盤を整備 物流センターを埼玉県鳩山に開設	2014	MUJIpassport のリニューアル	2014	「くらしの良品研究所」内に「IDEAPARK」を開設
	2010年代半ば以降	事業の拡大（地方創生活動、公共の場のデザイン、ホテル事業など）	2010年代半ば以降	「食」をテーマとしたさまざまな新しい売場を展開		
			2015	国内の地域の特産品などネットストアで販売する取り組み（「諸国良品」） ネットストアで購入した商品を（一部の）コンビニで受け取れるサービスを開始	2015	地域課題への取り組みを紹介しサポートする Web サイト「ローカルニッポン」をスタート Instagram の公式アカウントを開設
			2017	ネットストアを大幅にリニューアル（ネットストアのウェブサイトに無印良品のブランドサイトを統合）		
	2018	子会社のアール・ケイ・トラックを吸収合併 商品やサービスを通じた社会課題解決を図るソーシャルグッド事業部を発足			2018	LINE 公式アカウントにて会員証（LINE 会員証）の作成・利用を開始 MUJI passport を通じて店舗イベントへの参加申し込みを開始
			2019	初のロードサイド店舗を出店	2019	MUJI passport からフォローした店舗から消費者へ情報発信をスタート
	2020	「MUJI passport Pay」を導入	2020	「くらしの全部店」1号店を出店 ローソンで実験販売をスタート Amazon にて商品の発売を開始	2020	書籍『MUJI BOOK 2』を発売 書籍『MUJI IS 無印良品アーカイブ』を発売
				2020年代以降店舗の地域コミュニティセンター化に向けた取り組み 地域に合った出店や店舗の地域への土着化の取り組み		

	2021	第二創業を掲げ、企業理念を再定義し「感じ良い暮らしと社会」の実現を目指すことを宣言 「地域事業部制」をスタート EC・デジタルサービス部を新設	2021	「食品スーパー隣接店」を出店 ライブショッピング（ライブコマース）をスタート	2021	東京有明店にて「子ども食堂」開催 無印良品 直江津にて「まちの保健室」展開開始
			2022	新業態店「無印良品500」を展開 「ネット注文店舗受け取り」サービスの対象品拡大 楽天市場においてオンラインショップを開設 生協の宅配システムにて販売を順次開始		
			2023	ファッションECのZOZOTOWNにて衣料品や生活雑貨の販売開始 スーパーマーケット「アルビス」への商品供給を開始		

出所：筆者作成。

オムニチャネル化の取り組みの過程について、オムニチャネル化前史（2節）と、オムニチャネル化の取り組みと無印良品の現在（3節）に分けて示したものである。本文では、チャネルへの主要な誘因となる製品・サービス展開についてもあわせて整理する。その上で、無印良品のオムニチャネル戦略の特徴を捉え（4節）、そこからオムニチャネル戦略における知見を導出する（5節）。

2 オムニチャネル化前史：無印良品の軌跡とチャネル連携

1 ▸▸▸ 無印良品の誕生と成長

無印良品は、1980年にセゾングループ[2]の1つである西友（1983年に西友ストアーから改称）のプライベートブランド（PB）として、商品企画からスタートした。開発のきっかけとなったのは、業界の常識に対する主婦モニターの素朴な疑問の声（消費者の声）であった。無印良品の商品開発コンセプトは、1980年当時の「わけあって、安い。」という有名なキャッチコピーに表されている。ものづくりにおけるムダを省くため、「素材の選択」「工程の点検」「包装の簡略化」の

2　当時は西武流通グループ、その後西武セゾングループを挟み、1990年にセゾングループに改称、2001年に解散した。

３つの視点から既存商品が見直され商品開発が行われた。

その結果生み出されたのは、本質的な機能を大事にしながらもさまざまな無駄を省き、（自然な）素材にこだわったナショナルブランド（NB）と同等の品質でありながらも３割ほど安い商品である。この背景には、プレミアム価格が上乗せされたブランド品の流行をはじめ、当時の消費社会に対するアンチテーゼとして無印良品が生まれたという背景がある。「無印良品」は「しるしの無い良い品」という意味であり、「無印」はノーブランドの直訳、「良品」はノーブランドの「安かろう悪かろう」というイメージを否定する意味が込められている（由井他 1991）。無印良品としての初の商品は1980年に発売され、食品31品目と家庭用品（生活雑貨）９品目の計40アイテムであった。

販売チャネルは、西友全店となる220店舗のほか、西武百貨店11店舗とその提携店３店舗、ファミリーマート６店舗である（由井他 1991）。それぞれの食品・日用雑貨売場でのコーナー展開であったものの、初年度の売上目標30億円を超えた55億円の売上をあげている（由井他 1991）。その後、提携関係にあった食品スーパーへの卸売が行われたほか、1983年にはセゾングループ内外の百貨店へのインショップを出店させていく。

さらに同年６月には、東京・青山に待望となる無印良品の路面店１号店（103m^2）を出店するに至る。素材を活かした店舗づくりが行われ、店舗や商品の斬新さもあり注目を集めた。その後も大阪や名古屋などの主要都市に専門店を出店していく。商品開発も次々と積み重ねられ（由井他 1991）、1984年には西友は商品企画室を設置した（西川 2015a）。こうした出店攻勢と商品開発の相乗効果もあり、無印良品は1982年に65億円、1983年に150億円、1984年に300億円と売上も急増していった（由井他 1991）。

1980年代半ば以降は、1985年９月に西友内に新設した無印良品事業部のもと、全国の政令指定都市などにフランチャイズチェーン店（以下、FC 店）と直営店を出店していく。販路の確保もあり、海外の現地企業から直接仕入れを行っていくなかで、素材開発、原材料調達、商品開発、流通や輸入などをはじめとしたサプライチェーンにおける国際的なネットワークを構築していき、海外生産の商品アイテムが拡大していく。

2 ▸▸▸ 良品計画設立とネットストアの開設

1989年6月に西友の無印良品事業部から無印良品が独立し、株式会社良品計画が設立された。翌年には、西友から営業権が譲渡され、良品計画は小売事業（直営店事業）を開始し、その後、独自のシステムやサプライチェーンを構築していく。例えば、独自のPOSシステムを構築するとともに単品レベルで商品の在庫や売上高、そして収益を管理する仕組みを構築した（西川 2015a）。西友に委託していた物流も、1993年に物流子会社の株式会社アール・ケイ・トラックを設立し、1998年までに国内4カ所へ物流センターや調達センターを構築した。

無印良品は、独立直後から店舗の大型化と商品開発を進めていく。1989年11月には、店舗展開の標準店となる大型路面店の吉祥寺店（400m^2）、その後もショッピングセンターやファッションビルにも500㎡を上回る大型店を出店し、2000年3月には京都に大型店舗「プラッツ近鉄」（3,365m^2）を出店した（西川 2015a）。

1990年代を通じて、大型店舗以外にも販売チャネルを拡大していく。1997年にはアウトレット店（その後、数店舗展開されたが現在は閉鎖）のほか、1999年にはJR東日本の駅構内に「無印良品 comKIOSK」（2016年度に閉鎖）を展開した。同年9月には、米国でインターネット通販の実験販売を行っている。

海外では、1991年に老舗のリバティ（Liberty）百貨店とのパートナーシップにより、ロンドンで海外1号店「MUJI West Soho」を出店している。この時に無印良品を「MUJI」と表記したことから、その後も海外では「MUJI」が用いられている（松井 2015）。しかしながら、海外事業（海外展開）は、出店戦略を変更した2002年まで赤字続きであったという（松井 2015）。

国内の主要都市や近郊への大型店出店によりその運営ノウハウが蓄積されたほか、商品ラインアップ拡大により消費者に対するライフスタイル提案が実現し、強化されていく。商品開発にあたっては、独立後も外部デザイナーから構成されたアドバイザリーボードとの商品開発が継続された（西川 2015a）。加えて、1990年には「声のキャッチボール」という取り組みで、店舗などで得られた顧客の声を消費者室（1999年にお客様室へ改称）に集約させ、商品開発や改良・改善へと繋げる体制を整え（西川 2015a）、店頭ポスターなどを通じて度々、こうした取り組みや企業姿勢を消費者へ訴求している。

独立後の良品計画は、製造小売事業の枠を超えてさまざまな事業展開を行っていく。例えば、1995年にキャンプ事業、1996年にフラワー事業（花卉販売事業）、2000年９月には後述するMUJI.netの開始にあわせてMUJI Cardと呼ばれるハウスカード（カード事業）を始めている。

2000年５月にはソフトウェア会社のイーシー・ワンとの共同出資により、ムジ・ネット株式会社（後に住宅事業中心となり、2013年に株式会社MUJI HOUSEへ社名変更）を設立し、同年９月にポータルサイト「MUJI.net」を開設して本格的にインターネットビジネスに取り組み始める。この背景には、インターネットであれば、時間的・空間的な制約なくビジネスができるという木内政雄氏（当時の良品計画会長）の構想などがあげられる（西川 2015a）。

MUJI.netでは、大きく２つのコンテンツがあった。１つ目は良品計画が運営するインターネット通販の「無印良品ネットストア」（以下、ネットストア）と、２つ目はムジ・ネットが運営する、①店舗にはない新たな商品やサービスを提供し、②商品開発・改良へ繋げるために消費者の声を集める場の「無印良品ネットコミュニティー」（以下、ネットコミュニティ）である。MUJI.netは誰でも閲覧でき、MUJI.net会員になればネットストアの購入やネットコミュニティへの書き込みなどができるほか、希望者はメールマガジン（「MUJI.net MailNEWS」）を受け取ることができた。

ネットストアでは、2001年に衣・生・食の5,159アイテムのうち全体の約８割を超える4,500アイテムまで取扱商品を拡大させたほか、同年９月にはネットストア専用の物流センターを埼玉県に開設している。ネットコミュニティでは、「簡素で便利なクルマ。」というコンセプトに対して消費者からアイデアを募り、その後、2001年５月にムジ・ネットと日産自動車によって共同開発した自動車「MUJI+Car1000」を発売している。

良品計画は、順調に成長し、1995年８月に株式店頭公開を達成、1998年12月には東証２部上場、2000年１月には東証１部上場を果たした。その間、1996年に「良品」ビジョンを掲げ、企業理念や行動基準などを定めている。しかしながら、ユニクロやダイソー、ニトリといった競合他社の伸長もあり、2000年に状況は一変して創業以来、初めての減益に陥る。

3 ▸▸▸ 経営改革と商品力強化

2001年１月に就任した松井忠三代表取締役社長は、良品計画に色濃く残っていたセゾングループの経営体制や企業風土の脱却を図り、経営改革を断行した。経営体制を刷新し、次々とさまざまな仕組みの構築や組織改革を行っていき、2004年頃には業績不振からのＶ字回復を果たしていく。

松井社長は、業績悪化の直接的な原因を大型店舗の出店によるコストの増加に加え、商品数増大による商品力の低下にあると判断した（西川 2015b）。店舗に関しては、国内外の不採算店舗の閉鎖を行っていく一方で、2001年11月には大型の新旗艦店かつ情報発信拠点となる有楽町店（2022年10月閉店）と難波店を出店している。その後、良品計画が直接的にデベロッパーと交渉・契約する形に変え、独自の出店基準を策定したりするなど、出店戦略を改めている。商品に関しては、業績が芳しくなかった衣料品を中心に不良在庫の処分を行った。

そして、商品力を高めるため、以下の４つの取り組みを行っていく。１つ目は、商品開発コンセプトの見直しである。「わけあって、安い。」に表されていたコンセプトは大事にしながらも、時代の変化に合わせて新たに加えるコンセプトや姿勢を2003年の企業メッセージ「無印良品の未来」で示した（西川 2015b）。「これがいい」という強い嗜好性を伴う商品ではなく、「これでいい」という理性的な満足感をもたらす明晰で自信に満ちた商品を高い水準で提供することにより、生活の「基本」と「普遍」を示し続けると宣言している。加えて、無印良品らしさを大事にするため、形骸化しつつあったアドバイザリーボードとの関係を強化し、商品企画や開発に活かす体制に編成しなおした。

２つ目は、世界的なデザイナーの協力を得ながら商品開発する取り組みである「World MUJI」をスタートさせている。無印良品の持つアノニマス（匿名・無名）という特徴もあり著名なデザイナーであっても名前は明かさずに販売したが、こうしたデザインの強化は世界的に権威のあるデザイン賞を受賞するなど評価を高めていく。

３つ目は、顧客の生活に根差した新たな商品発想として大きく２つの取り組みが行われた。①「FOUND MUJI」は、海外から無印良品の価値観に合致する良品（暮らしの定番品）を探し出し、無印良品のコンセプトのもとで新たな商品として生み出す取り組みである。加えて、②消費者調査においてオブザベーション（観察）という新たな手法を用いて、商品開発に活かす取り組みである。

４つ目は、顧客との製品開発を強化していく取り組みである。2001年８月にネットコミュニティ内で「モノづくり家具･家電」プロジェクト（その一部が「ものづくりコミュニティー」へと発展）を開始し、顧客参加型の商品開発をスタートさせた。2005年には、「お客様の声プロジェクト」として、毎週行われる部門横断的な会議で商品改廃や商品開発の検討や決定に顧客からの声を活かす取り組みのほか（渡辺 2006）、2007年２月には、商品開発を目的とする新たなコミュニティサイト「空想無印」（その後、「くらしの良品研究所」内の「IDEA PARK」に組み込まれている）をスタートさせている。

無印良品は、こうした商品展開のみならず、さまざまな事業への展開のほか、既存の事業の強化を進めていく。2000年にはカフェ・ミール事業部を発足して飲食事業（「cafe MUJI」（2000年）、「Meal MUJI」（2001年）、「Café & Meal MUJI」（2007年））、2002年に「無印良品のめがね」事業（2013年５月に終了）をスタートさせた。また、ムジ・ネットでは2002年に住空間事業部を設立し、その後、住空間事業「MUJI+INFILL」をスタートさせ、2004年には無印良品で「木の家」の販売を開始している。

4 ▸▸▸ ネットストアをはじめとした店舗送客施策の実施とチャネル連携

2003年頃にはネットストアの閲覧が増えていたものの、売上が伸びない状況が続いていた。アンケート調査などの結果、閲覧者のうちネットストアで購入経験のある閲覧者は全体の40％程度であり、残り60％の閲覧者は商品情報の収集、新商品とキャンペーン情報の確認、セール情報などのチェックが行われていたという（前野・株式会社エクストラコミュニケーションズ 2007）。加えて、この頃、無印良品における物販の EC 化率は10％に満たなかった。店舗とネットストアは独立して運営していたが、このような顧客のチャネル利用の理解やチャネル毎の位置づけに関する理解を深め、ネットストアをはじめインターネットメディアを活用した店舗送客や買物経験向上のための施策を展開していくなかで次第にチャネル連携が行われていく。

2003年にはネットストアを携帯電話に対応させ、MUJI.net 会員に対してサイト上に店舗で利用可能なクーポンを発行したほか（国友 2009）、この頃にはメルマガを通じて会員割引を送る、いわゆる店舗送客施策なども行っている。また、2003年には新聞広告、2006年には雑誌広告やテレビ広告を行うなど（渡辺 2006）、従来のマスメディアを活用した（マス）広告による店舗送客施策や MUJI.net 会員への入会促進施策も展開した。2007年には Web マガジンの発行（初回のみ紙媒体も配布）を開始した。

こうした一連の取り組みもあり、2006年には、ネットストアの売上が最も売上の高かった有楽町店を超えるに至った。また、2003年からアスクルの法人向けオフィス用品の通信販売で、2007年からは同インターネットショップで販売を行っている。

2005年９月には、ネットストア専用の物流センターを廃止し、店舗向けの物流センターにネットストア用の配送機能を組み込み、運営コストを減少させている。加えて、2006年には、店舗の POS レジのほか、本社の受発注や在庫管理などのシステムを刷新した。その際、センターの在庫保管を全社で一元管理してネットストアで品切れを起こさないようにするなどの工夫がなされた。同年12月には、基幹システム（物流、MD、店舗、ネットストア、勘定など）を再構築し、特にMDなどは一部自社開発に切り替えている。

5 ･･･インターネットメディアの活用による店舗とネットストアの部分連携

2008年2月に代表取締役社長へ就任した金井政明氏のもとで、「良品」ビジョンを改め、無印良品の目指す方向性として「日本の基本から世界の普遍へ」を示した（西川 2016）。2011年3月には、「感じ良いくらしをリーズナブルに」を企業ビジョンとすることを宣言している。

無印良品の店舗とネットストアの関係は、店舗ではネットストア会員（正確にはMUJI.net会員）獲得、ネットストアでは店舗送客という相互に補完的な関係となっていた。2009年には良品計画とムジ・ネットの関連事業部などを再編して良品計画にWEB事業部を新設し、インターネットやデジタル技術の活用を強化して店舗とネットストアの連携をさらに深める取り組みを行っていく。

2009年2月には、取扱商品の情報を網羅し、検索や店舗在庫確認（1時間ごとの更新）が可能なWEBカタログを始めている。2010年11月には、ネットストアをリニューアルし、システム性能の向上と業務の一部自動化を行ったほか、検索やナビゲーションなどの機能の強化を行った。2011年7月にはネットで注文し店舗で受け取ることができ受け取り時に支払いを行う「ネット注文店舗受け取りサービス」（現在はネットストア支払いが可能）を開始している。このように無印良品では、店舗とネットストアの連携を徐々に広げながら強化して、顧客の利便性を高めていった。

インターネット上での顧客との共創の場を強化するため、2009年11月には「ものづくりコミュニティー」を発展させた「くらしの良品研究所」（2022年1月終了となるが、サイトと一部コンテンツは継続）をスタートさせた。ものづくりに限定せずライフスタイルを顧客と一緒に考える場であり、コラムも設けるなど広報的な役割も果たしていた。

インターネットを活用した情報発信やコミュニケーションも盛んに行われて

いく。MUJI.net の会員数は、2008年には200万人を超えている。こうした会員に対して2012年には購買履歴を分析し顧客毎に推奨する商品を最適化させた内容のメルマガの配信が可能となっていた。また、2008年10月には世界へ向けた情報発信を行うウェブサイト「MUJI Global」、その動画コンテンツとして商品を紹介する「play MUJI」を2009年1月に公開した。2011年12月には、MUJI.net 上でゲームに取り組むことで店舗に持参すれば商品がもらえるクーポンの配布キャンペーンを行ったほか（「MUJI CURRY スゴロクキャンペーン」）、ソーシャルメディアのアカウント（ソーシャル・アカウント）を登録することで遊べるソーシャルゲーム「MUJI LIFE」を展開している。

無印良品は、自社メディアにおける顧客との対話型のコミュニケーションのみならず、ソーシャルメディアを活用して、より多くの顧客とオープンなコミュニケーションを行っていく。2009年に Twitter（現、X）の公式アカウント、2010年に Facebook、2011年に mixi の公式ページを開設し、2012年には延べ100万人のフォロワーを有する程となった。その際、2010年2月に Twitter で「タイムセールなう」とツイートを行うなど、ソーシャルメディアによる店舗送客施策を展開していく。プラグインなどにより「くらしの良品研究所」とソーシャルメディアを連携させることでより多くの顧客（見込み顧客含む）に対してコンテンツの拡散やオープンかつ即時的なコミュニケーションを行った。加えて、2011年8月にソーシャル（コマース）サイト「my MUJI」（2018年3月に終了）を開設し、商品を軸に消費者のクチコミの書き込みや「持ってる」や「ほしい!」ボタンを押すことで顧客同士の交流を促すほか、ソーシャルメディア上でも拡散されるようにしている。このように、自社メディアのみならずソーシャルメディアも活用することでコミュニケーションを強化しながら、店舗などの自社チャネルとも連携が行われた。

良品計画は、2010年代に入り、iPhone や iPad といったスマートフォンやタブレット向けにさまざまなアプリ開発・提供を行っていく。アプリの主な特徴は5つあり、①既存商品が有する機能を持たせたアプリ（「MUJI CALENDER」、「MUJI NOTEBOOK」）、②新商品や店舗展開などのキャンペーン連動型のアプリ

(「MUJI to GO」、「無印良品の家」)、③買物を便利にするアプリ(「衣料品コーディネートカタログ」)、④ソーシャルゲームアプリ(「MUJI LIFE チェックインアプリ」)、⑤既存商品の機能を強化するアプリ(「MUJI to Sleep」)である。

店舗展開としては、2008年に「MUJI to GO」、「MUJI BEAUTY」(その後店舗展開を終了)、「MUJI com」の3つの小型店舗がそれぞれ展開された。2011年には、路面店1号店の青山店を「Found MUJI 青山」にリニューアルしている。その間、2009年に客数拡大を目的としたテレビ広告を行ったが、2010年代に入り重点をインターネット上のコミュニケーションへシフトさせている。

このように無印良品は、インターネットやソーシャルメディア、スマホなどの普及に合わせ、試行錯誤を繰り返しながらコミュニケーションやサービスの展開を図ってきた。

3 オムニチャネル化の取り組みと無印良品の現在

1 ▸▸▸ MUJI passport の導入とオムニチャネル化

無印良品は、2000年にネットストアを開始したことで、ネットストアにおける顧客の購買行動(情報収集や購買など)や MUJI.net 会員 ID に紐づく顧客属性(年齢、性別など)が捕捉できるようになっていたが、それらは店舗ではできていなかった。例えば、MUJI CARD 利用者であれば自社のどのチャネルでも購買(履歴)を捕捉できるものの、良品計画においてそうしたデータの利活用は限定的であった。無印良品におけるオムニチャネル化の取り組みは、店舗やネットストアにまたがる顧客を理解しようとする取り組みからスタートした。

そのため、無印良品では、顧客の購買プロセスを顧客時間と呼び、検討(購買前)、購入(購買時)、使用・消費(購買後)という3つの段階に分けて捉え、まずは購買前や購買時の行動を把握し、顧客対応を充実させていくことを試みていく。カスタマー・ジャーニーと呼ばれるこうした顧客の行動と接点の把握を基に、顧客との接点管理や顧客経験の向上施策が指向されていく。

こうした背景のなかで、2013年5月にリリースされたのが、モバイルアプリ

「MUJI passport」（iOS、Android 対応）である。MUJI passport では、ネットストアや店舗での購入、チェックイン、クチコミ投稿などの特定の行動を行うことによって MUJI マイルが貯まるマイルサービスのほか、商品情報に加え取扱店舗と在庫情報などが確認できるショッピングガイド機能、無印良品からのお知らせが届く機能（「from MUJI」）などが備わっている。なお、マイルは一定程度貯まると MUJI ショッピングポイントに変換され購入に利用できる。

MUJI passport 導入の狙いとしては、チャネルの区別なくファンとのコミュニケーションを図ること、来店客数を増やして売上を伸ばすこと、マーケティング施策の効果を可視化することであった（奥谷 2018）。無印良品では、これまでロイヤルティ・プログラムを展開しておらず、チャネルをまたいだ顧客の購買履歴、特に店舗における購買は前述したように捕捉できていなかった。MUJI passport 自体が会員証となることで店舗における購買を捕捉可能となり、MUJI passport を利用した閲覧履歴のほか、（顧客の設定によるが）アプリ使用時の位置情報なども得られるようになった。

加えて、MUJI passport の会員番号を軸に MUJI.net 会員番号、MUJI CARD 会員番号（クレジットカード番号とは異なる）、ソーシャル・アカウントなどを顧客の側で MUJI passport を通じて連携可能となっている。顧客の利点として MUJI マイルを合算できるほか、無印良品にとってもばらばらであった各会員情報を個人レベルに集約させて多角的に利活用する下地ができた。2014年には、これらの接点で得られたデータを連携させる基盤を整え、MUJI passport もリニューアルを行い、レコメンデーション施策をパーソナライズ化させる取り組みを始めた。この MUJI passport の導入やシステム基盤の構築により、チャネルをまたがる CRM（Customer Relationship Management；顧客関係管理）が実現できるようになった。

2013年８月にはグローバル MD システムを稼働させ、単品レベルで販売情報や在庫情報を世界共通のシステムを用いて一元管理できる体制を構築している。ネットストア販売や首都圏の事業拡大対応のため、2014年に物流センターを埼玉県鳩山に開設した。従来の４拠点のうち１つを閉鎖したほか、輸入品を管理し他のセンターへの商品供給を行う調達センターの機能を鳩山に移した。2018年には、無印良品の物流を担ってきた子会社のアール・ケイ・トラックを吸収合併している。

また、2014年には「くらしの良品研究所」内に「IDEA PARK」を開設し、顧客から新商品および既存商品に関するアイデアを投稿したり、意見を交わし合えるオープンな場を設けた（2016年11月にリニューアル）。加えて、2013年1月には、LINE公式アカウントを開設したほか、同年8月にはアスクルが運営する日用品ECサイト「LOHACO」（ロハコ）に出店するなど、自社外のソーシャルメディアやECプラットフォームにも展開を進めている。

以上のように無印良品では、スマホのアプリ（MUJI passport）を軸に店舗とネットストアを連携させることでオムニチャネル化へと結果として大きく舵を取ることとなった。加えて、自社のコミュニケーション・チャネルや販売チャネルのみならず、ロハコをはじめとした他社の販売チャネルの活用やソーシャルメディアの活用に加え、その連携も進められた。

2 ▸▸▸ 事業の拡大と店舗の拠点化の兆し

2015年6月からは松崎暁氏が代表取締役社長（～2021年8月）に就任した。この頃より、ますます新たな事業に取り組んでいく。2014年頃から地方創生活動、2015年頃からは公共の場のデザイン（空港、道の駅、駅舎、公園、公共交通バスなど）、2017年からホテル事業、2020年7月から家具を中心とした月額定額サービス事業（2021年1月から本格始動）などをはじめている。

地方創生に関しては、地域の生産者への支援のため、2015年に国内の地域の特産品などをネットストアで販売する取り組みである「諸国良品」（前身は2014年の「Found MUJI Market」）や、地域課題への取り組みを紹介しサポートするWebサイト「ローカルニッポン」をスタートさせている。2018年2月に商品やサービスを通じた社会課題の解決を図るソーシャルグッド事業部を発足させて事業化へと本格的に乗り出した。

店舗に関しても、地域に根差した店舗展開が行われる。2019年には初のロードサイド店舗（石川県・野々市明倫通り店）、2020年には「くらしの全部店」（百八貨店）１号店となる東京有明店や、2021年には「食品スーパー隣接店」（東武動物公園店）をオープンさせている。また、2010年代半ば以降、「食」をテーマとしたさまざまな新しい売場（青果、鮮魚、精肉、総菜、インストアベーカリーなど）を設置した店舗をオープンさせていく。

2015年７月にはInstagramの公式アカウントを開設したほか、2018年にはLINE公式アカウントを登録すればMUJI passportがなくても会員証（LINE会員証）を新たに作成・利用でき、MUJI passportと連携できるようにした。2017年８月にネットストアを大幅にリニューアルし、ネットストアのウェブサイトに無印良品のブランドサイトを統合させたほか、ニュース記事を発信するfrom MUJIの枠を設けたり、使い勝手を高めている。同年９月には、ネットストアで購入した商品を（一部の）コンビニで受け取れるサービスを開始した。MUJI passportでは、2018年頃には店舗イベントへの参加申し込みが可能となったほか、2019年４月から特定の店舗のフォローをすれば、店舗からの情報を受け取ることが出来る仕様になっている。加えて、2020年11月から「MUJI passport Pay」を導入している。

ファミリーマートへの商品共有は2019年１月で終了したが、2020年６月にはローソンで実験販売をスタートし、2022年５月から順次拡大、2023年９月には全国47都道府県に展開を拡大し、約12,700店舗にて販売が行われている。加えて、2020年５月からAmazonにて商品の発売を開始した。

2017年７月には、海外店舗数が国内の店舗数を上回ったが、2020年から新型コロナウイルスの世界的流行の影響で、海外の多くの店舗が休業に追い込まれた。特に米国では、2020年７月に連結子会社のMUJI U.S.A.Limitedが日本の民事再生法にあたる連邦破産法第11条を申請し、事業再生を進めている。国内でも2020年４月の緊急事態宣言以降、223店舗が休業となっている。2020年度の売上高と営業利益は落ち込んだものの、2021年度ではコロナ禍以前の業績水準に回復した。

3 ▸▸▸ 第二創業

2021年9月には堂前宣夫氏が西友以外の出身としては初となる代表取締役社長に就任した。堂前氏が中心となり2021年7月に策定した中期経営計画（2022年8月期～2024年8月期）で、第二創業を掲げている。中期経営計画のなかで2021年8月期（当時の見通し）の売上高4,900億円、営業利益490億円に対し、2030年8月末に店舗数2,500店舗（平均坪数550坪）、売上高3兆円、営業利益4,500億円の目標を掲げている。

同じく中期経営計画のなかで、無印良品は企業理念を再定義し、「感じ良い暮らしと社会」の実現を目指すことを宣言した。そして、2つの使命のうちの1つとして、無印良品の強みでもある店舗を地域のコミュニティセンター化させ、店舗を拠点に顧客や地域と関わっていくことを示した。

その後、2021年9月には、「地域事業部制」をスタートさせ、12の地域を設定し、地域に合った出店や事業モデルを構築する取り組みを行っている。店舗展開としても、地域への土着化とあわせて、食にも継続して力を入れている。2021年9月には、環境や社会の課題あるいはアートをテーマとした商品、サービスを提供する「MUJI 新宿」を出店している。2022年1月には、本社ビルの1階に「MUJI com 東池袋」をオープンし、中食サービスを行う「MUJI Kitchen」を設けた。2022年9月には、日用品や消耗品などの500円以下の商品を取り揃えた新業態店の「無印良品500」を展開した。

デジタル活用の強化に関しては、「感じよいオンラインの提供」を目指し、EC・デジタルサービス部を立ち上げ、デジタル技術の積極的な活用やITベンダーなどにアウトソーシングしていた業務の内製化を目指し、エンジニアなどのプロ人材を100人規模で採用することを打ち出している。

ネットストアについては、中期経営計画においてEC化率を10%から2024年8月には15%、2030年8月期には30%へと高める方針が示されており、ネットストアの強化を行っている。例えば、2021年11月には、ライブショッピング（ライブコマース）をスタートさせている。2022年2月には、決済手段「COIN+」の提供を開始して利便性を高めているほか、「ネット注文店舗受け取り」サービスも2022年に入り段階的に対象商品を拡大し一部商品（食品・超重量商品）を除くすべての商品を対象にするなどネットストアと店舗間の連携とその強化も継続して行っている。

2022年6月には、楽天市場においてオンラインショップを開設した。2022年3月から生活協同組合コープさっぽろの宅配システムにて販売を開始し、その後、コープこうべ、2023年1月から2月にかけて中国地方5県の生協へと拡大させた。2022年4月には、世界最大規模の広島アルパーク店（6,100㎡）を出店した。2023年9月には、ファッションECのZOZOTOWNにて衣料品や生活雑貨の販売を開始している。

以上ここまで無印良品の軌跡を整理してきた。無印良品のオムニチャネル化の取り組みは、最初から意図して取り組まれてきたわけではない。顧客とコミュニケーションを行いながらその関係性を深めるために商品展開や店舗展開（ネットストア展開含む）および事業展開とその強化・拡大を進め、顧客へ提供する価値を高め続けた結果としてオムニチャネル化が実現してきたと言える。無印良品が提供する価値は、当初の商品価値やライフスタイル価値（ないし生活価値）といった個人的な価値を提供することから、そのあゆみとともに商品展開や事業展開を広げ、2021年の中期経営計画で掲げた企業理念において「感じ良い暮らしと社会」の実現を目指すことを示しているように、社会価値（文化、環境、地域）へと提供価値を拡大してきている。

4 無印良品のオムニチャネル戦略

無印良品のオムニチャネル戦略の特徴は、スマホアプリのMUJI passportを軸に自社チャネルの連携・統合を行うことで、顧客に買物の利便性を提供し、無印良品にはチャネルをまたがる顧客の行動の理解と顧客との直接的なコミュニケーションが行えるといったチャネル横断的なCRMを実現していることである。無印良品は、MUJI passportを店舗内外で利用できるように利便性を高めることで店舗やネットストアなどの自社チャネル中心に連携を図り、MUJI.

net MailNEWS、カタログ、ソーシャルメディアの公式アカウントなどのコミュニケーション・チャネルも緩やかに連携している。

無印良品の顧客は、MUJI passportを利用することで、いつでもどこでも無印良品の商品情報にアクセス可能で、ネットストアや店舗の在庫を調べることができるほか、ネットストアから購入できる。ネットストアで購入した商品の店舗受け取りを選べたり、店舗で行われている各種イベントの確認や予約のほか、特定店舗をフォローすることでその店舗から発信される情報を受け取ることができる。このように顧客はMUJI passportを介して、無印良品と直接的にコミュニケーションが行える環境にある。MUJI passportは、2022年8月末時点で日本を含む11の国・地域で累計6,978万（国内は累計2,818万）もダウンロードされている（一部外部のソーシャルメディアやアプリにおける会員登録数含む）。ただし、MUJI passportは個人情報を登録しなくても利用が可能となっているように、無印良品におけるMUJI passportをはじめとしたデジタル技術の活用は「感じよいオンラインの提供」として顧客に押し付けるものではない。

無印良品において最も重要なチャネルは店舗[3]であるが、店舗は一様ではなくさまざまな形態・フォーマットの店舗が展開されている。現在、地域ごとに店舗の組み合わせを図っており、例えば、政令指定都市をはじめとした人口60万人の都市に「くらしの全部店」を配置し、食品スーパーの併設・隣接地などの生活圏に「くらしの基本店」としての標準店や、小型店（MUJI com、無印良品500、MUJI to GOなど）、提携しているローソンを組み合わせて、地域に合わせた出店（商品やサービスの提供構成）を想定している。このほかにも、移動販売（出張販売）、期間限定店舗（「POP-UP STORE」）もある。こうした店舗展開・連携に加え、ネットストアやコミュニケーション・チャネルを連携させている。

加えて、店舗がコミュニティの場となっており、無印良品における店舗の位置づけが「買物の場」から多様な理由で「集まる場」に拡張している。例えば、店舗に併設されたcafe MUJIなどで飲食ができたり、木育広場では親子で遊

3　なお、直営店のほかに、ライセンスドストアと呼ばれるFC店が一部ある。

べたり、交流スペース「Open MUJI」で各種イベントに参加できたり、「まちの保健室」では健康相談や講座を受けられたりするなど、多彩なサービスが提供されている[4]。このように、購入しない場合でも店舗を地域住民が交流したり、集う場となるように心掛け、「つながる」をテーマにさまざまな取り組みが行われている。

ネットストアに関しては、PCやモバイル端末のブラウザから繋げる方法とアプリのMUJI passportから繋げる方法の大きく2つに分かれるが、ネットストアのみで買物が便利に完結するように取り組んでいる。チャネル全体をまたがったCRMを実現するMUJI passportを通じて、店舗でMUJI passportを利用することはもちろん、MUJI passportからネットストア、販売チャネルやコミュニケーション・チャネルを繋げる役割を担い、店舗とネットストア、そして、オフラインとオンラインの連携の要となる。

以上のように、無印良品は自社チャネルを中心にオムニチャネル化を行っているものの、消費者への販売の全てを自社チャネルで賄っているわけではなく全方位的なチャネル統合を根差したオムニチャネルではない。無印良品は、自社チャネルに比べてコントロールが難しい他社チャネルも組み合わせて顧客対応をしている。例えば、他社ECプラットフォーム（LOHACO、Amazon、楽天市場）や生協の宅配システム、ローソンやスーパーマーケット「アルビス」などの販売チャネルも活用し、その販路を拡大させてきている。

他社チャネルでは、無印良品が個人の購買履歴を取得できるかどうか（取得出来ている場合でもその程度）が他社チャネル毎に大きく異なる。しかしながら、消費者にとってみれば、Amazonや楽天市場あるいはローソンなどに出店・出品されていることで、普段使いのECやポイント利用、そして、配達時間や送料などの観点から選択肢が増えるという点で買物のしやすさが得られる。無印良品にとっては、このような利便性を顧客に提供できる。加えて、無印良品の

4　くらしの全部店2号店となる広島アルパーク店では、「食べることを楽しむ」「環境について考える」「健康を保つ」「住まう・くらす」「法人向けの空間サービス」「地域がつながる場所」という6つのテーマに関連した商品やサービスが提供されている。

店舗がない地域や店舗から遠い地域においても、あるいは生活圏に店舗があっても店舗へ足を運んだことがない消費者に対しても他社チャネルを通じて販売を行うことで、自社の店舗に来店することのなかった見込み顧客にまでアプローチすることが可能なため裾野の拡大に繋がる。無印良品は、オムニチャネルを目的としているというよりも、企業理念をはじめ顧客との接点強化や顧客経験を充実させるための手段としてオムニチャネルを位置づけているため、他社チャネルの利用にも積極的であると考えられる。

オムニチャネル戦略では、多くの場合、販売チャネル（コミュニケーション・チャネル含む）の連携や統合の程度や、その背景にあるシステムや物流に議論が集中する。しかしながら、良品計画のような製造小売企業においては、基本的に自社商品の取り扱いとなるため、商品の魅力がそのままチャネルへの吸引力となる。加えて、他の小売企業では、製品カテゴリー毎にさまざまなNBに加え小売企業のPBが品揃えられるのに対して、無印良品では主に自社製品のみが扱われており、取扱商品が7000にも及んでいる。無印良品の商品は、衣・生・食とさまざまなカテゴリーにまたがるものの、製品カテゴリーを超えて取扱商品の全てがシンプルで統一された商品となっており、消費者や顧客の声を活かした商品開発や改良が行われている。

5 おわりに

無印良品は、その統一的なコンセプトや思想のもとで商品、店舗、店舗スタッフを介した顧客とのコミュニケーションやデジタル活用、そして、さまざまな活動に至るまで一貫したものとなっている。無印良品はその成り立ちから顧客の声を重要視してきたために、顧客とのコミュニケーションを大事にしながら接点を強化・拡大させ、その連携の強化を行ってきた。商品から始まり店舗へ、そしてさまざまな活動や事業へと繋がっている。

無印良品のオムニチャネル化は、顧客とのコミュニケーションを密に取りながらさまざまなチャネル構築とそのチャネル間の連携において、最初から意図したわけではなく試行錯誤の末に、CRMの延長としてオムニチャネルの構築に至っていることが確認できた。とりわけ、無印良品の販売やコミュニケーション・チャネルにおけるデジタル施策は、ネットストアとコミュニティ、メルマガ、ソーシャルメディア、自社アプリへと広がってきており、こうした新たな接点を積極的に無印良品らしさを損なわずに取り組もうとする姿勢が、早期におけるオムニチャネル化の取り組みや現在の無印良品が展開するオムニチャネルに繋がったと考えられる。

本章で掲げたリサーチクエスチョンは、無印良品のオムニチャネルはどのように構築されてきたのか、オムニチャネルの本質とはなにかである。このリサーチクエスチョンに対して、無印良品の事例から得られる答えは下記である。まず、無印良品のオムニチャネルの構築は、理想とするオムニチャネルの姿や店舗とECの連携・統合を最初から思い描いたわけではなく、顧客に対する利便性や顧客経験の向上目的により、そして新たなビジネスチャンスとして試行錯誤しながら店舗とECの部分連携から自社内外のメディアやチャネルの連携と強化を通じてオムニチャネルが構築されてきた。

続いて、無印良品という事例を通じて得られるオムニチャネルの本質とは何かという問いに対する知見は下記である。①自社内外のチャネルやメディアをまたがるCRMが重要であること、②オムニチャネル戦略自体は目的ではなく、顧客の買物経験ひいては顧客の生活に寄与するための手段であること、③自社チャネルを中心に強固な連携を図りながらも、ソーシャルメディアや他社チャネルなども緩やかな連携を取ることが重要であること、④どう販売するかというよりも、どのように顧客と双方向コミュニケーションを行っていくのかが重要となることである。

無印良品にとっては、MUJI passportなどを利用した上で行動を理解し、関係を維持・強化することが重要となっている。無印良品における課題は、顧客内のMUJI passportの利用割合を高め、顧客と寄り添いながら商品、サービス、店舗、ネットストアやMUJI passportそして店舗内外での活動を通じて、提供する価値を顧客と一緒に高め続けていくことである。

第V章 店舗従業員を基点としたオムニチャネル戦略
——株式会社ビームス

1 はじめに

ビームスは、1976年に創業され、「セレクトショップ」という小売業態を日本に生み出した代表的小売企業の１つである。時代の半歩先のライフスタイルを常に提案し続けているイノベーティブな小売企業、それがビームスである。創業後、約50年近くの間、ビームスは、店舗（含む、従業員）と商品に軸足を置きながら、ビジネスを行ってきた。しかし、昨今のデジタル化の進展に伴い、お客様の購買行動の変化を踏まえ、店舗とECを組み合わせたオムニチャネル戦略を強化しつつある。

ビームスの成長力の源泉、それは、「人（従業員）」にある。ビームスには、個性豊かな従業員がたくさんおり、彼らのライフスタイルを取材した書籍「BEAMS AT HOME」は、2014年に初版が宝島社から出版され、好評な販売実績によりシリーズ化され、2022年には第７版が刊行されている。

では、なぜビームスには、個性豊かな従業員が集うのか。その答えは、ビームス独特の企業文化によるところが大きい。主な要因としては、以下の５点が挙げられる（川島 2004、山口 2006）。

①創業家である代表取締役社長の設楽洋氏（以後、設楽氏）のオーナーシップ
②オーナー企業故のフラットな文鎮型組織
③新しいことへの挑戦を推奨する文化
④従業員へのエンパワーメント（権限移譲）
⑤三方よし（従業員、取引先、お客様）の企業文化

ビームスは、店舗部門とEC部門の壁を店舗スタッフがデジタルを手段として活用し始めたことにより、オムニチャネルを実現した先進的な事例として取りあげられることが多い。デジタル化の具体的事例としては、2002年に、店舗においてハウスカードを導入し、ポイント付与を組み込んだ顧客管理システムを立ち上げた。2005年にはZOZO TOWN内にEC店舗を出店している。2008年には、自社ECの構築に着手した。2013年には、店舗とECのポイント共通化を実現し、物流センター内にEC専用の撮影スタジオを作った。2015年にはRFIDの全店舗導入を完了している。これらの準備期間を経て、2015年にEC事業部より、オムニチャネルの提案が経営陣になされ、了承を得ている。2016年からオムニチャネル戦略が本格化し、自社ECサイトと公式サイトの統合（＝メディアコマース化）、自社ECサイトと公式サイトの顧客IDの統合、店舗在庫と倉庫在庫の一元化、店舗従業員のオムニチャネル化、スマートフォン向けアプリもリリースされた。2017年以降も顧客情報、販売情報、在庫情報のデータ可視化、動画コンテンツの導入、社内表彰制度の開始、オムニチャネルに関する社内教育の充実を図り、オムニチャネルの推進を加速している（矢嶋 2023）。

本節では、最初に、ビームスのオムニチャネルはどのような発展過程を経て構築されてきたのかに触れ、次に、ビームスの先進事例より、オムニチャネルの本質と重要性は何かをリサーチクエスチョンとして設定する。特に、ビームスの経営理念、歴史的発展過程を踏まえ、先行研究の成果を踏まえた上で、店舗スタッフを大切にするインターナルマーケティングの重要性、店舗や商品を統括する事業部とEC事業部間における売上等に関する考え方の違いを解消するためのメディアコマースの考え方、顧客IDの統合、在庫一元化の重要性について整理する。上記事項を踏まえ、ビームスのオムニチャネル戦略の特徴を捉えつつ、小売企業のオムニチャネル戦略に有益な新たな知見を本ケースより導出する。

2 ビームスの概要：歴史的発展過程を踏まえた先行研究からの知見の援用

ビームスは、1976年にダンボール製造業を営んでいた新光紙器の新事業の位置づけで、原宿に6.5坪の１号店「アメリカンライフショップビームス」を開店した。原宿店は、UCLAの男子学生の部屋をイメージした店舗であった。2023年現在、ビームスは、国内150店舗、香港や台湾など、海外は12店舗、卸先は23社、EC/自社EC＋ECモール10店舗を展開している。株式上場はしていないが、2022年度売上高は831億円、社員数2,233名、事業内容は、紳士服、婦人服、バック、靴、雑貨等の販売事業を行っており、セレクトショップとして30のレーベル（＝カテゴリーブランド）を保有している。創業者は、設楽氏の父である設楽悦三氏である。設楽悦三氏の長男として、設楽氏は1951年に生まれ、大学卒業後は、広告会社最大手の電通の販促部門にてプロデュース業務に関わった後、ビームスに入社した。ビームスのグループ概要は、図１のようになる。５事業会社で構成され、ビームスホールディングスの下、各社の相互連携より、生活文化企業としての役割を果たしている。また、アパレル事業をメインとするビームスの他に、企業向けのユニフォーム事業、フジロックなどの音楽イベント、NETFLIXや牛乳石鹸などの企業とのコラボレーション、販売促進機能などの広告会社的な機能を持つビームスクリエイティブを自社グループ内に有している。

ビームスという企業を理解する上で、２人の人物に注目したい。１人目は、現社長の設楽氏、もう一人は、現代表取締役副社長の遠藤恵司氏（以後、遠藤氏）である。二人は、６歳からの友人で、小中高大と同じ学校で過ごし、大学時代（慶応大学）は、バンド仲間だった。設楽氏は、時代の半歩先を読むミーハー気質（情報感知能力が高い）を持ち、遠藤氏は、ロジカル志向で、実務型タイプだそうである（川島 2004、山口 2006）。ビームスが今日まで持続的成長を遂げて来られた背景には、両者の組み合わせの良さが挙げられる。

図1　ビームスのグループ概要

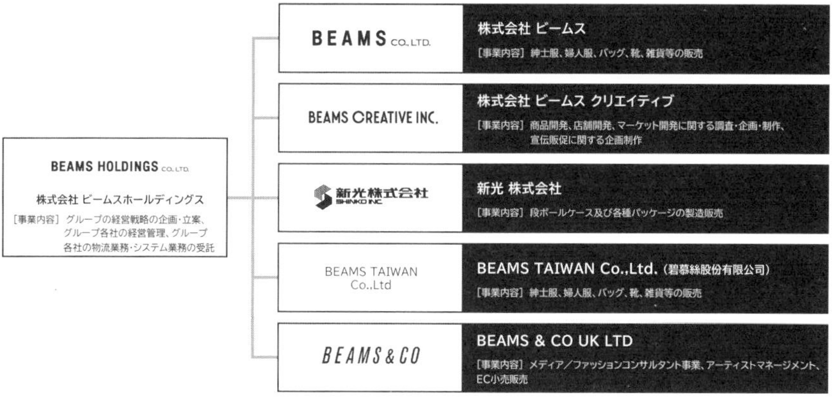

出典：ビームス矢嶋氏講演資料（2023）より引用。

ビームスの経営理念は、「ハッピーライフソリューションカンパニー」である。ビームスの経営理念には、「従業員を大切にする」という考え方が根底に根付いている。ビームスの人事部では、採用段階から、「個性豊かな人材」の確保に全力を尽くしている。ビームスが現在30以上のレーベルを有する会社になれたのは、多様な価値観をもった人材が、「自分がやりたい事業、かつ、社会に役に立つ新しい事業」を自ら会社に提案し、実行出来る「挑戦を促す文化」が社内に根付いているからである。矢嶋氏がオムニチャネル戦略の提案を2015年に経営陣に対し行ったことも上記組織文化に基づいていると、矢嶋氏本人は語っている。ちなみに、ビームスの離職率は、小売企業としては非常に低い4％前後である。

ビームスは、各時代における生活者のニーズと空気感を、社員たちが自らの生活を通じて察知し、世の中に提案することで、今日まで成長を続けてきた。一般的に、ファッション企業には、「こだわりと流行のバランス」が必要とされる。こだわり＝アイデンティティを維持しながら、流行＝時代性を保つバランス感覚を併せもつことが、生き馬の目を抜くアパレル企業には必要な要素である（川島 2004）。

ビームスの歴史的発展過程を振り返った際、大きく2つの時代に区分することが出来ると筆者は考える。1つ目は、創業時の1976年から2000年前半までの「Outside In」の時代。すなわち、アメリカンライフスタイルを発端に、欧州のファッショントレンドを国内に紹介した時代である。2つ目は、2000年代中盤から現在に至る「Inside Out」の時代である。ビームスは、国内（特に、東京）のファッショントレンド（Ex. 渋谷カジュアル（通称、渋カジ））や各地方の素晴らしい伝統文化や商品などを国内のお客様だけではなく、インバウンドとして日本に来られている外国人に対し、BEAMS JAPAN の店舗を通じ紹介し、海外へと日本の良さを発信している。ビームスは、アパレル（服や雑貨）という商品を単に売っているのではなく、時代の半歩先を行く国内外のライフスタイルのすばらしさを顧客接点である店舗や EC を通じ、価値提案を行っているのである。

「Outside In」の時代には、レーベル（主力のメンズの「ビームス」、レディースの「レイビームス」）を軸に、欧州のファッショントレンドをいち早く日本に紹介してきた「インターナショナルギャラリービームス」、メンズ風ファッション基調の女性向けレーベル「ビームスボーイ」、長く着られる男の服「ビームスプラス」、音楽レーベルも運営する「ビームスレコーズ」などを次々と生み出してきた。ビームスは、さまざまなレーベルを一堂に見ることが出来るコンセプトショップ「ビームス東京」の出店を1993年に行い、その後も、1998年の新宿「ビームスジャパン」、丸の内「ビームスハウス丸の内」、六本木「ビームス六本木ヒルズ」など、多様なスタイルの店舗を出店してきた。

一方、「Inside Out」の時代には、ビームスを取り巻く様々なコミュニティとともに、日本のモノ、コト、ヒトを発信するプロジェクト BEAMS JAPAN を展開している。具体的な展開事例としては、「大名古屋展2022」、新宿、静岡、大阪、神戸など全国9都市の文化、産品、料理等を、現地のスタッフが紹介した無料ガイドブックである「“BEAMS EYE ON” シティガイド」などがある。BEAMS JAPAN の常設店舗は、新宿、渋谷、日光、京都、出雲にある。

図2　ビームスのターゲット設定についての概念図（気づきのタイムラグ）

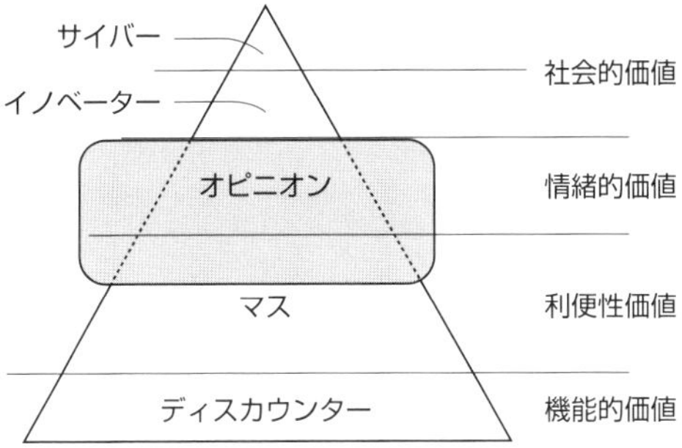

出典：川島（2004）より引用、中見一部修正（2023）。

ビームスは、「遠心力」と「求心力」のバランスがよい会社である（川島2004）。「遠心力」とは、外に向かって自由自在に広がっていく力、すなわち、上記のように時代の半歩先の流れを捉え、レーベルを拡張する力を指している。一方、「求心力」とは、核心に向かってぎゅっと収斂していく力、すなわち、各レーベルを編集した店舗を出店することを指していると、筆者は考える。「遠心力」、「求心力」のバランスの良さこそが、ビームスが創業後50年近くたっても消費者に飽きられないブランドであり続けている秘訣であろう。

ビームスは、マーケティング戦略上、コミュニケーションターゲットを考える際、「気づきのタイムラグ」という考え方に基づいている。「気づきのタイムラグ」とは、生活者が流行に対し気づくタイミングの速さを意図している（川島2004）。図2は、ビームスのターゲット設定についての概念図である。

ビームスでは、上記図2のターゲット層について、オピニオン（通常、アーリーアダプターと呼ぶ）とマス（通常、フォロワー）の上位3分の1をメインターゲットに置いている。サイバーは、流行の最先端を行く層、イノベーターは、流行にかなり敏感な層、オピニオンは、一般消費者の中でも、割合早い段階で流行を取り入れる層、マスは、ボリュームとして流行を広げていく層、ディスカウンターは、終わりつつある流行をまだ引きずって身に着けている層と定義している。サイバーが時代の変化に最も早く気付く層であり、イノベーター、オピニオン、マス、ディスカウンターに進むにつて、気づきのタイミングは遅くなる。ビームスでは、上記コミュニケーションターゲットの嗜好に合致するよう品揃えを調整している（川島 2004）。

上記のコミュニケーションターゲット設定を踏まえ、ビームスは、ユニクロなどのSPAが訴求する機能的価値や利便性価値よりも、スタイリングなどのライフスタイル提案を中心とした情緒的価値で競合との差別化を図ろうとしていると筆者は考える。

ビームスでは、商圏特性、顧客特性を踏まえ、様々なレーベルを編集し、店舗の出店やコミュニティ形成に力を注いでいる。その際、基点となるのが、店舗スタッフなのである。店舗スタッフが、顧客に満足して頂ける価値の高い商品やスタイリングなどの情報を店舗、オンライン上のブログで提案し、顧客と常にコミュニケーションを取ろうと努力している。

ビームスは、創業以来、店舗を軸に顧客と共にコミュニティを形成しながら成長してきたが、消費者の情報取得上の顧客接点の変化に伴い、SNSやオウンドメディア等のオンラインも活用して、コミュニティを拡張できるかにも注力しつつある。

上記内容を踏まえ、ビームスの経営理念、歴史的発展過程を踏まえた際、Kumar & Pansari（2016）の「LINKING ENGAGEMENT TO PERFORMANCE（エンゲージメント志向と業績との関連モデル）（図3）」に相通じるものがあることがわかる。

本モデルは、初めに、企業は、「従業員との絆」を深め、その後、従業員に権限を委譲することにより、従業員自身のモチベーションが高まり、モチベーションが高い従業員が顧客に接することにより、態度的成果としての顧客の企業へのエンゲージメントは高まり、行動的成果としての企業業績（売上、収益、LTV）の向上へとつながるという考え方である。このモデルこそが、ビームスが、2016年以降、オムニチャネル戦略を推進していく上で重要なベース概念となっていると筆者は考える。

図 3　LINKING ENGAGEMENT TO PERFORMANCE（エンゲージメント志向と業績との関連モデル）

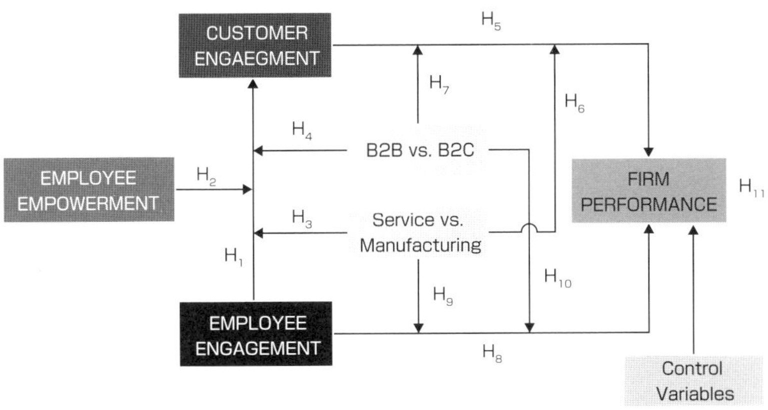

出典：Kumar, V., and Pansari, A. (2016). Competitive Advantage through Engagement. *Journal of Marketing Research, 53*（4）, pp.502.

次節以降、ビームスのオムニチャネル戦略の変遷、および、顧客とのつながり、オンラインを使ったコミュニティ形成の概要について詳しく説明する。

3 ビームスのオムニチャネル戦略

1 ▸▸▸ ビームスのオムニチャネルの変遷

ビームスのオムニチャネルは、2015年のオムニチャネル戦略の提案から本格化するが、そこに至る準備期間として、2002年のハウスカードの導入から始まり、2013年には、店舗とECのポイント共通化を実現し、物流センター内にEC専用の撮影スタジオを作り、2015年にはRFIDの全店舗導入を完了するなど、CRM、SCMの礎が構築されていたことを忘れてはならない。本項では、次頁の表1を踏まえ、ビームスのオムニチャネルの変遷を探りながら、オムニチャネルを実現するための重要な要素について詳しく整理する。

ビームスのオムニチャネルの変遷を探るために、2023年5月2日にビームス

表1　ビームスのオムニチャネルの変遷

年	内容	年	内容
2002年	リアル店舗でハウスカード導入開始 初期の顧客管理システム（ポイント付与開始）	2015年	EC事業部主導によるオムニチャンネル化の提案 大規模な組織改編（事業部制の開始）
2005年	ZOZOTOWN出店	2016年	顧客IDの統合・ID一元化 倉庫在庫と自社EC在庫の統合 スタッフのオムニチャンネル化を開始（静止画コンテンツ） スマホアプリをリリース
2008年	自社ECの構築・WEB広告の開始 （EC独自の顧客ID）	2017年	投稿分析機能の開発（パフォーマンスの可視化） オンライン接客賞（個人表彰制度）の導入 商品のオムニチャンネル化（OMOの実現）を開始
2011年	RFID導入の決定（試験導入）	2018年	スタッフの動画コンテンツ（VIDEO）を導入 台湾に直営の自社ECサイトをローンチ
2012年	ポイント共通化プロジェクトの立ち上げ	2019年	小規模の組織改編（EC運用部隊が事業部へ統合）
2013年	ポイント共通化が実現 物流にECスタジオを開設（画像の内製化）	2020年	LIVEコマースの開始（自社システムを開発） スマホアプリを全面リニューアル（バーコードスキャン）
2014年	RFID全店舗導入の決定（2015年完了） ポイント共通化の結果、PT利用が大幅に促進	2021年	大規模な組織改編（機能本部制への移行） チャット接客の導入（トライアル段階） セルフレジの導入

出典：ビームス矢嶋氏講演資料（2023）より引用。

執行役員室長DX推進室兼マーケティング部矢嶋正明氏（以後、矢嶋氏）にインタビューを実施した。矢嶋氏は、ビームスのオムニチャネルの変遷を語る上で、2002年からスタートしたハウスカード導入に注目している。「ハウスカード導入の目的は、顧客属性情報の把握、および、ポイントプログラムを活用した顧客の購買行動の可視化にある」。まさに、CRMそのものが、2016年以降のオムニチャネル戦略を実行する上での礎になったのである。ハウスカード導入の成果は、顧客満足度の向上、さらには、カスタマー・サクセスの実現へとつながっている。ビームスでは、2005年から本格的にEC事業に取り組み始め、ファッションECサイトのZOZOTOWNにセレクトショップとして初めて出店した。その後、2008年には、自社ECの構築に着手している。ビームスが、自社ECの着手に至った背景としては、自社ECの方が、ZOZOTOWNへの出店手数料を払わなくてもよく、高い利益率を確保出来るからである。さらに、物流による顧客サービス品質の向上が図れ、顧客の属性、購買データの取得が出来るなど、様々な利点があると判断した。2013年には、店舗でのポイントと

図4　ビームスの自社EC化率推移

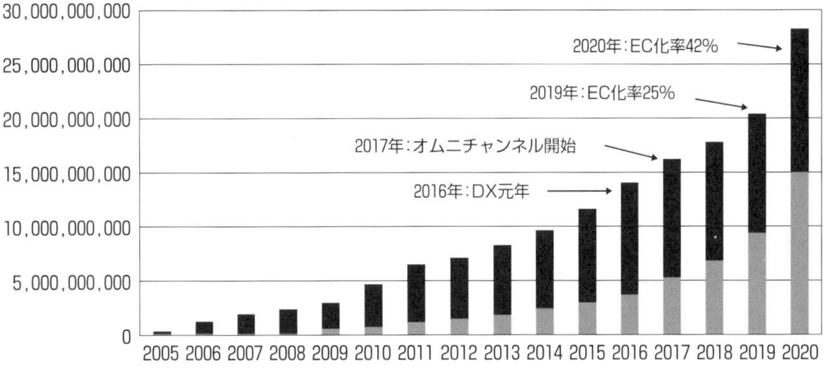

出典：ビームス矢嶋氏講演資料（2022）より引用。

ECでのポイントの共通化を実現した。このポイント統合により、利用者の利便性が増し、ポイント利用が大幅に増え、自社ECの販売量の増加へとつながった（図4）。コロナ禍で自社ECへの対応が遅れた競合のアパレル企業とは異なり、ビームスは、2016年から本格的にオムニチャネル戦略に取り組んだおかげで、2020年には、過去最高の自社EC比率42%にまで上昇した。2015年に、オムニチャネル戦略が矢嶋氏より設楽氏を始め、経営陣へ上程された。ビームスでは、オムニチャネルは、小売の3原則である、「人（従業員）」、「モノ（商品）」、「ハコ（店舗、EC）」をデジタルでつなぐことであると明確に定義している。最初に、店舗従業員に対し、オムニチャネルの目的、意義、自身の業務をデジタルという手段を用いることにより、どのように労働生産性が上がり、お客様への付加価値を生み出すことにつながるかを、社内勉強会等を通じ、説明している。これが、ビームスの考えるEXなのである。次に、店舗スタッフと顧客がデジタルと店舗においてシームレスにつながり、顧客に上質な顧客体験を醸成頂けるよう、本社のEC事業部は全面的に店舗スタッフをデジタルコミュニケーションツールの提供によりサポートした。これが、ビームスの考える「人（従業員）のオムニチャネル」であり、CXそのものなのである。さらに、ビームスでは、店舗、および、ECにおける顧客のシームレスな買い物体験を、デジタルコミュニケーションツールを活用することにより実現し、顧客に快適で、楽しい買い物をしてもらうため、在庫の一元化を目指した。これが、ビームスの考える「商品のオムニチャネル」であり、SCMそのものなのである。

矢嶋氏は、ビームスの目指すべきオムニチャネルのゴールイメージを経営陣に提案するにあたり、あるべき姿からバックキャストし、まずはEXからスタートし、次にCX、SCMへと順を追って取り組んでいく重要性を説明した。経営陣の了承、全面的なサポートを得て、2016年より、ビームスのオムニチャネルは、本格的にスタートし始めた。具体的には、自社ECサイトとレーベル毎に運営していた公式サイトの統合、自社ECサイトと公式サイトの顧客IDの統合、店舗在庫と倉庫在庫の一元化、店舗スタッフのオムニチャネル化、スマートフォン向けアプリもリリースされた。2017年以降も顧客情報、販売情報、在庫情報のデータ可視化、動画コンテンツの導入、社内表彰制度の開始、オムニチャネルに関する社内教育の充実を図った。

ビームスに限らず、オムニチャネル先進企業において、オムニチャネルを推進する部隊は、店舗を管轄する販売部門やMD（商品計画）を管轄する商品部門に一目置かれる存在になる必要がある。ビームスの場合、開発本部という新規事業を推進する部隊にEC事業部が置かれた。開発本部の傘の下、店舗における販売業務、商品を統括するレーベル毎の事業部との軋轢や協調を繰り返しながらも、店舗経験があり、ECに詳しい矢嶋氏の下、「店舗ファースト」という姿勢を一貫して崩さなかったことが功を奏し、事業部の信頼を得た。また、顧客が事前にECで在庫状況や商品情報を見て、店舗を訪れ、店舗スタッフと会話する姿が増えていくにつれ、事業部が、「ECは店舗の敵ではない」という認識に変わったことがオムニチャネル推進上、非常に大きかった。特に、在庫の一元化については、事業部のコンセンサスを得るのは非常に難しかった。店舗の売上を管轄する事業部としては、店舗在庫をEC事業部に取られ、売上自体が損なわれるリスクを恐れた。この問題を解決すべく、矢嶋氏は、「関与売上」の考え方の浸透が、ビームスのオムニチャネル推進上、最も重要な要素であったと語っている。この「関与売上」の考え方は、現在、株式会社 CaT ラボ代表取締役社長の逸見光次郎氏がカメラのキタムラ在籍時に実践した考え方である。それは、店舗販売を管轄する事業部の商品在庫が、仮に EC 事業部で販売されたとしても売上は EC 事業部につくだけではなく、同時に、事業部にも間接的に売上がつくという考え方である。この関与売上の考え方に基づき、事業部は、店舗の売上が奪われるという恐怖感から解放されたのである。結果、事業部は、EC 事業部に積極的に協力することになり、ビームスのオムニチャネル戦略は大いに進んだのである。ビームスでは、店舗を管轄する事業部と EC 事業部が在庫の奪い合いで対立することは、顧客の満足度向上にはつながらないということが関与売上の考え方を通じ、よく理解出来たのである。ビームスのオムニチャネルは、2019年に開発本部に所属していた EC 事業部の本社社員は、レーベル毎の事業部に分散し、事業部内でのオムニチャネルを推進し始めた。2021年には、EC 統括部は、機能本部の扱いになり、社長直轄の DX 推進室となった。DX 推進室は、AI 活用、VR/AR 活用、メタバース対応、コミュニティマーケティングへの挑戦など、ビームスの今後のオムニチャネル戦略を推進していくための重要な役割を果たし、事業部を跨ぐ社長室直属の部門横断型の組織となっている。

2 ▸▸▸ ビームスの EX への取り組み

ビームスは、オムニチャネルを店舗、および店舗スタッフにどのように浸透させてきたのか。現在、カスタマーエンゲージメント本部、兼、ビームス恵比寿サービスマスター兼オムニスタイルコンサルタントの Heg. 氏、および、「ビームス恵比寿」店長の尾田氏に2023年５月12日にインタビューした内容からビームスのオムニチャネル浸透の過程を考察する。Heg. 氏は、オンライン接客サービスで著名なバニッシュスタンダードが2022年度に実施した全国の様々なアパレルブランドの８万人の販売員たちがリアルとオンラインのオムニチャネル接客を競うコンテストにおいて最優秀賞を受賞したビームスを代表する販売員の一人である。Heg. 氏は、2017年にビームスに入社した。ビームスは2016年よりオムニチャネル戦略が本格的にスタートしており、Heg. 氏は、ビームスのオムニチャネル戦略の申し子のような存在と言える。ビームスの EX の取り組みを考察する上で、以下の３つの視点が重要であることがインタビューを通じ、判明した。１つ目は、「インターナルマーケティングツールとしてのデジタル活用」という視点である。デジタル活用は、店舗内のスタッフ同士のコミュニケーションの活性化につながる。Heg. 氏は、「ビームス二子玉川」に最初に配属された際、自身のことを紹介するためにデジタルツールを活用した。具体的には、自身の自己紹介をオウンドメディアであるブログを活用し、店長を始め、先輩方に知ってもらう努力をした。つぎに、店長を始め、先輩社員のことをもっとお客様に知ってもらうために、店長、先輩たちに自らインタビューし、ブログで紹介した。これら一連の取り組みは、「ビームス二子玉川」の店内コミュニケーションの活性化につながった。まさに、デジタルツールを活用したインターナルマーケティングの好事例と言える。また、Heg. 氏が活用しているカメラの三脚などの機材紹介やスタイリング、フォトログの効果的な撮影の仕方なども店舗内で情報共有化され、店舗スタッフのデジタルリテラシーの向上へと繋がった。２つ目は、「店長のデジタル活用に対する意識改革」である。Heg. 氏が、「ビームス二子玉川」でデジタルを活用している姿を見て、尾田氏は、店員同士のコミュニケーションの円滑化に役立つことを肌で実感していた。尾田氏は、コロナ禍が少し落ち着き、店舗にお客様が戻ってきている現状においても、デジタルコミュニケーションの良さを忘れず、店員たちに対し、継続してデジタルの活用を促している。ちなみに、「ビームス恵比寿」では、１日の労働時間の内、デジタルを活用した接客のための時間を15-20分間取っているそうである。また、ビームス二子玉川店では、二人一組でペアを組んでオンライン用のコンテンツを撮影し、レディースカジュアルは18時30分頃、メンズカジュアルは、11時30分頃、レディスドレス系は、21時ごろにコンテンツをアップするそうである。（逸見 2019）。現在、ビームスでは、店舗スタッフが投稿したコンテンツが関与した自社 EC 売上のシェアは約６割に至る。３つ目は、「デジタルを用いることによる販売業務の効率化」である。Heg. 氏は、現在、原宿のオフィスへ出社しての業務も担当しており、他の店舗スタッフ同様の販売成果を出すために、デジタルツールを積極的に活用している。具体的には、店頭に立って接客する時間が他の店舗スタッフに比べ少ないため、スタイリング、フォトログ、ブログなどの投稿を増やし、LINE STAFF START などのオンライン接客ツールを用い、顧客とのつながりを強化し、売上、LTV の向上に努めている。

ビームスでは、オムニチャネルの成果指標を「事業部内における店舗部門、および、EC 部門相互の関与売上」で見ている。

一方、Heg. 氏のような店舗スタッフのオムニチャネルの成果指標は、オンライン接客賞で表彰を行っており、約3000人の内、上位100名までが入賞となる。

また、店舗スタッフだけではなく、店舗スタッフが所属する店舗自体への表彰制度もある。

ビームスの EX 推進上のもう１つの特徴としては、店舗においてオムニチャネル推進で活躍し、成果を上げている人材を本社のカスタマーエンゲージメント本部所属の OSC として任命している点である。OSC の役割は、店舗にて自身が実務として行っているオムニチャネル接客業務（Ex. スタイリング投稿、ブログ、フォトログ、オンライン接客、ライブコマース等）で気づいた良い点、悪い点を全社で情報共有化し、全国の店舗スタッフのオムニチャネル接客力の向上に繋げている点である。

矢嶋氏は、2016年から本格的にスタートしたビームスのオムニチャネル戦略を進める際、社内教育として外部人材を講師として招聘し、講義を依頼した。当時、良品計画で Muji Passport を成功させ、現オイシックスラ大地の専門役員で、チーフオムニチャネルオフィサーを務める奥谷孝司氏（以後、奥谷氏）や、逸見氏から、オムニチャネルを推進する上での重要なポイントを学んだ。特に、逸見氏からは、上記でも触れた「関与売上」という考え方を学んだ。

本項をまとめると、矢嶋氏が EX 視点で、オムニチャネル推進上のプロセスと社内の巻き込み方で重要であると述べている点は、以下の３つである。１つ目は、「社内における抵抗感の解消」である。具体的には、役員会の承認、目

図5　店舗従業員のメディア化に向けた過程

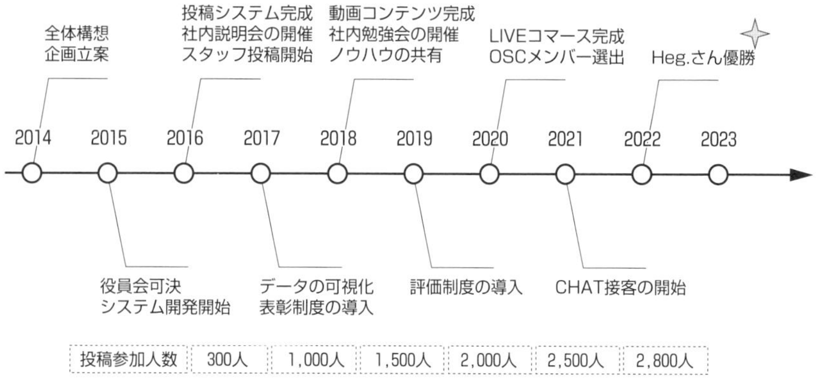

出典：ビームス矢嶋氏講演資料（2023）より引用。

的とゴールの説明、ミッション・ビジョンとの整合性、現場メリットの伝達である。2つ目は、「試行とデータの活用」である。具体的には、トライアルの実施、参加者の意見を定性・定量両面から収集、データの分析、社員各々の自己データの可視化を行うことである。現在、社員各々の自己データの可視化ツールとして、上記で述べたデジタルコミュニケーションツール、LINE STAFF START のマネジメント機能等が活用されている。3つ目は、「制度や評価の確立」である。具体的には、社内勉強会の開催、成功事例の社内共有、店舗スタッフへの表彰制度である。オムニチャネル推進上、小売企業が最初に行うべきことは、社内の協力を得るための EX なのである。

3 ‣‣‣ ビームスの CX、SCM への取り組み

本項では、ビームスの CX、SCM への取り組みについて、矢嶋氏へのインタビュー内容に基づき、以下にて紹介する。1つ目は、「店舗スタッフのメディア化」である。下記の図5において、ビームスにおける店舗スタッフのメディア化の過程について説明する。

店舗スタッフのメディア化とは、店舗スタッフ自らがオウンドメディアであるデジタルコミュニケーションツールを活用し、情報を発信し、スタイリング、フォトログ、ブログ、動画コンテンツ等の旬なコンテンツを投稿し、優良顧客（ファン）の顧客経験価値を醸成することを目的としている。ビームスでは、2016年にオウンドメディアに投稿出来るシステムを自社独自で開発した。スタイリング、フォトログ、ブログ、動画コンテンツ等を投稿し、顧客の買い物活動に寄与し、お客様とダイレクトにつながり、店舗やECの集客につなげ、顧客のファン化を促進している。店舗従業員のメディア化を考察する上で、2023年6月18日にHeg.氏から依頼を受け、快くインタビューに応じて下さった顧客A氏（40代男性）から伺った内容について以下にて紹介する。「Heg.氏の接客は、オンラインでも店舗でも変わらない。理由は、接客する際、自分たち顧客のことを誰よりもよくわかっており、商品を売るのではなく、コーディネート提案をしてくれる。無理強いは決してしない。Heg.氏は、商品を提案する際、顧客にとってのメリット、デメリットをはっきり言ってくれる。最後は、顧客の判断を尊重してくれる。オンラインで迷った際には、時間を作ってくれて、店舗で試着し、丁寧にアドバイスしてくれる。だから、Heg.氏から買いたくなる。オンラインで接客してくれるようになり、時間や距離の壁を超え、よりHeg.氏との距離が縮まった気がする。」

「一人のカリスマ的なスター販売員を生み出すのではなく、店舗スタッフ各々がデジタルコミュニケーションツールを活用し、スターになり、ファンとコミュニケーションを図れる会社」、それがビームスの目指すオムニチャネルの姿である。店舗という顧客接点において、ビームスという企業ブランド、各レーベルを背負って立つ店舗スタッフが輝けるスターになるために、本社がサポート出来ることは何か。それは、オムニチャネルの仕組みを整え、社員教育の場を提供し、社員表彰制度を確立することである。ビームスのオムニチャネル戦略の特徴は、ファンが付く店舗スタッフをいかに多く育て、その店舗スタッフに会うために顧客が店舗を訪れ、店舗がファンの集うコミュニティになることである。設楽氏は、『セレクトショップは、店舗スタッフのライフスタイルが好きで、あるいは、店舗スタッフの接客サービスが好きで集まってくる人の集合体です。だから、僕はビームスをコミュニティーブランドにしたい。少し前から、「集団＝コミュニティ」の時代になると予想し、「店がコミュニティをつくる」と思ってきました。今はその先の、「個人がコミュニティをつくり、それが集まったところで店という劇場ができ上がる。それを各企業が行うことによっても街が活性化する」ということが起きてくるのではないかと思っています。』と2023年6月23日に日経クロストレンドでのバニッシュスタンダード小野里社長との対談の中で答えている。ビームスは、オンライン上だけではなく、フリーマーケット等のリアルイベントを店舗で開催し、ファンとのコミュニケーションを活性化させている。リアルイベントの場には、ビームスの各レーベルのクリエイティブディレクター、バイヤー、店舗スタッフも参加し、ファンの意見や声に直接耳を傾け、MDや顧客サービスの向上に活かしている。ファンは、ビームスの商品を従来はお気に入りの店舗スタッフを通じ、オンラインや店舗にて購入するだけの受け身の姿勢であった。しかし、上記のようにビームスのレーベルに関わる責任者などとリアルイベントを通じ直接会話し、自分たちの生の声を彼らに伝え、コミュニケーションを図ることにより、レーベルへの愛着、店舗スタッフへの愛着はより高まるはずである。結果、イベントなどに参加するロイヤルティ度の高いファンは、さらに能動的な顧客へと進化するのである。実務におけるコミュニティ形成に詳しい佐藤尚之氏（以後、佐藤氏）は、ファンの支持を強くする3つのアプローチとして、「共感、愛着、信頼」が重要であると著書の『ファンベース』の中で述べている。

2つ目は、ビームスが考える「商品のオムニチャネル化」である。商品のオムニチャネル化とは、店舗在庫とEC在庫の一元化のことを指す。次頁の図6は、商品のオムニチャネル化の概念図である。商品のオムニチャネル化を図ることにより、店舗とECの軋轢は解消され、店舗在庫とEC在庫が一元化されることにより、顧客は、スマートフォン上のアプリやEC画面を通じ、瞬時に自身の欲しい商品の在庫点数、在庫場所等がわかるようになる。そビームスにおいては、EC部門と各レーベルの連携により、在庫一元化が実現した後、新

図6　商品のオムニチャネル化のサービス概念図

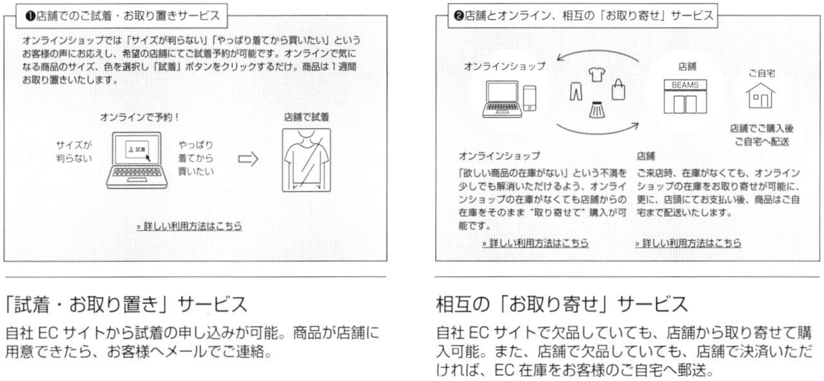

出典：ビームス矢嶋氏講演資料（2023）より引用。

たなサービスとして、店舗での「試着・お取り置き」サービス、店舗とECサイト相互の「お取り寄せ」サービスが2016年よりスタートした。両サービスは、ZOZOにEC物流を委ねていた時代には実現出来ず、BtoBとBtoCを自社物流とし、在庫の一元化を図ったことにより、実現可能となった。その結果、顧客の利便性向上のみならず、店舗と同様に、ECでの顧客の買い物においても物流倉庫にて出荷前の商品のたたみ直しが実施され、顧客体験価値の向上につながったのである。

ビームスでは、2002年より入出庫管理、在庫管理など倉庫を管理するITシステムのソフトウェアであるWMS（= Warehouse Management System）が稼働し、2004には、倉庫の商品を移動させるマテリアルハンドリング（通称、マテハン）が導入され、2013年より、自社物流センターでEC専用の撮影スタジオを開設し、2014年から2015年にかけ全店舗にRFIDが導入された。ビームスのSCMの責任者であるSCM本部本部長の竹川誠氏は、「物流を含めたSCMの強化は、顧客の買い物ニーズに応え、顧客経験価値の向上に寄与しているだけではなく、自社の在庫回転率の向上、在庫の横持ちや売り切れも減り、倉庫の場所も削減できるようになったことが大きい。」と述べている。今後、ECと店舗の顧客IDが統合され、顧客の買い物行動データの可視化が一層進む中、オムニチャネル本来の姿であるシームレスな顧客経験価値を実現するためには、店舗、店舗従業員、物流を含むSCMの相互連携が益々求められることとなる。

4 まとめと課題

本章のまとめとして、本節では、第1節で述べた2つのRQの観点から改めて考察する。

RQ1の「ビームスのオムニチャネルは、どのような発展過程を経て構築されてきたのか」については、前提として、ビームスの経営理念、歴史的発展過程を踏まえて考える必要がある。すなわち、V.Kumar（2016）の「エンゲージメント志向と業績との関連モデル」に基づき、初めに、企業は、「従業員との絆」を深め、その後、従業員に権限を委譲することにより、従業員自身のモチベーションが高まり、モチベーションが高い従業員が顧客に接することにより、態度的成果としての顧客の企業へのエンゲージメントは高まり、行動的成果としての企業業績（売上、収益、LTV）の向上へとつながることを理解する必要がある。次に、ビームスのオムニチャネルは、どのような発展過程を経て構築されてきたのかについては、きちんとEXからスタートし、CX、SCMへと順を追って取り組む必要があることが示唆された。

RQ2の「ビームスの先進事例より、オムニチャネルの本質と重要性は何か」については、オムニチャネル推進上のプロセスと社内の巻き込み方が重要となる。そのポイントは、以下の3つに集約される。1つ目は、「社内における抵抗感の解消」である。具体的には、役員会の承認、目的とゴールの説明、ミッション・ビジョンとの整合性、現場メリットの伝達である。2つ目は、「試行とデータの活用」である。具体的には、トライアルの実施、参加者の意見を定性・定量両面から収集、データの分析、社員各々の自己データの可視化を行うことである。3つ目は、「制度や評価の確立」である。具体的には、社内勉強会の開催、成功事例の社内共有、店舗スタッフへの表彰制度である。

加えて、「店舗スタッフのメディア化」により、顧客経験価値を醸成することも重要となる。具体的には、店舗スタッフと顧客がコミュニティをつくり、それが集まったところで店という劇場ができ上がり、各企業が行うことによっても街が活性化するという設楽氏が述べているファンコミュニティーの概念に準ずる。最後に、「商品のオムニチャネル化」の概念に流れる在庫の一元化の重要性を理解し、店舗、店舗スタッフ、SCM の相互連携の重要性を理解する必要がある。

最後に、ビームスにとって、オムニチャネルを推進していく上での今後の課題としては、AI や VR/AR、メタバース等の技術進化の波に常に適合し続け、店舗スタッフと顧客との絆をより強くしていくために、オンライン、オフライン、メタバースを跨いだ顧客経験価値の醸成を、いかにコミュニティ形成を通じて構築するかにかかっている。

謝辞

この章の執筆に当たっては、ビームスのオムニチャネルを牽引してきた矢嶋正明氏（株式会社ビームス執行役員室長 DX 推進室兼マーケティング部）、「ビームス恵比寿」店長の尾田氏、カスタマーエンゲージメント本部、兼、「ビームス恵比寿」サービスマスター兼オムニスタイルコンサルタントの Heg. 氏、ならびに、Heg. 氏の 4 名の顧客の皆様には快くインタビューに応じて頂きました。また、矢嶋様には貴重な社内資料をご提供頂くとともに、広報の皆様と一緒に、本章の草稿に貴重なコメント、示唆をいただきました。記して感謝申し上げます。なお、本章の内容につきましては、すべて筆者の責任にあります。

第VI章 “Omni-Guest Experience”を実践する
——lululemon athletica inc.

コロナ禍を乗り越えて、急激な事業成長を遂げようとしているフィットネスブランドが、lululemonである。そのチャネルへのデジタル投資、先進性、高い利益率は早くから知られている。その背景には、「Omni-Channel」ではなく「Omni-Guest Experience」を主語とした経営戦略がある。前者は企業にとってのチャネルが主眼となり、後者は顧客にとっての体験が主眼となっている。その行動を俯瞰するlululemonと、それは単なる概念の違いではなく、解釈の違いが多様な変革を生み出す戦略に結びついていることが見えてくる。

1 Communityを核としたlululemon

1 ▸▸▸ “Community is everything”

lululemon・アスレティカ（Lululemon Athletica）は1998年にカナダのバンクーバーで誕生し、世界18カ国で600店舗以上を展開しているヨガウェアのブランドである。lululemonはスポーツウエアブランドやアパレルブランドではなく「ライフスタイルブランド」であり、さらに言えば自身を「community」そのものであると考えている。したがって顧客を「お客様」ではなく彼らの店舗を訪れる「guest」と呼び、スタッフを店員ではなく「educator」と位置づけている。communityに関わる人々が心身ともにハッピーでヘルシー、可能性に溢れた生き方を叶えられることが彼らのビジョンである。

彼らが自身をcommunityと捉えていることはその店舗によく顕れており、多くの店舗にスタジオを併設してヨガイベントなどを開催している。これらのプログラムは全世界ですべてのストアごとに企画しそれぞれ異なる内容を行っていると言われ、このようなイベントは来店を促すためのプロモーションではなく、むしろこのプログラムこそがlululemonというブランドを形作っていると言っても過言ではない。彼らはみんなで汗をかくことを「スウェット」と呼び、これにlululemonもguestも共に参加することで、独自のcommunityを築いてきたのだ。

つまり店舗は「売り場」ではなく、「communityのメンバーのための拠点」であり、メンバーがいつでも必要なものを揃えられる場である。そのため商品はフィットネスのために必要な定番商品が多く、全商品のうち実に45%を占めるとも言われている。またセールはホリデーシーズンのみで、それ以外に一般的なアパレルが行うような在庫処理のための値引き販売は原則として行わないという特徴がある。

2 ▸▸▸ 事業の急激な成長

このようなcommunityドリブンなスタイルが多くの顧客の支持を集め、業績はコロナ禍をも乗り越えて非常に好調である。2022年1月通期決算は売上高が前期比42.1%増の62億5,661万ドル（約7,633億円）と、コロナ前の2019年度と比べても1.6倍に到達した。営業利益は同比で62.6%増の13億3,335万ドル（約1,626億円）、純利益が同65.6%増の9億7,532万ドル（約118億円）となっており、大幅な増収増益を果たしている。さらに主要市場である米国においてインフレや景気後退の影響が見られる2022年においても成長を続け、2022年第3四半期決算では市場予想を上回る業績を記録している。同社サイトでCEOのカルバン・マクドナルド氏は、「私たちは、地域、カテゴリー、チャネルを越えて拡大を続けているため、成長の初期段階にあります。複数年にわたる私たちの成功は、lululemonの継続的な強さと、事業の途方もない成長の可能性を示しています」（lululemon 年間報告書 2021）と述べ、2026年までに売上高をさらに倍増させ125億ドルを目指すと発表している。

lululemonは、さらなる顧客の拡大、海外進出の拡大を見据え、事業内容の拡張も進んでおり、新市場にも積極的に参入している。2022年にはシューズ市場に参入した。lululemonは、４種類のウィメンズシューズからスタートし、ブランド初となるランニングシューズ「ブリスフィール」を、北アメリカとイギリス、中国の一部の店舗および公式オンラインストアで発売を開始している。このシューズは、lululemonが持つ女性特有の動きや感覚に対する知見を生かした、“サイエンスオブフィール（Science of Feel）”という独自の視点で開発されたものである。それ以外にも、lululemonは、ジムトレーニングと短距離走用の「チャージフィール」、トレーニング後などに履くサンダル「レストフィール」などを順次発売するとしている。また、lululemonは、動きやすさを追求したショートパンツやトップス、スコートなどを揃える「テニスウエア」、更にはアウトドアシーンを想定した「ハイキングコレクション」も展開している。lululemonは、community内で培った技術を活かし、ライフスタイルブランドとして、ヨガに限らない領域にも商品を拡げようとしている。

加えて、lululemonは、新しい取り組みとして2021年５月に、ブランド初となる下取りおよび再販プログラム「lululemon Like New」拡大を発表した。リ・コマースは近年多くの小売業が相次いで参入している市場である。アパレルではPatagoniaやNIKE、Levisなどが自社顧客からの自社商品の買取り再販売に参入し、店舗を単なる商品販売の場から、商品循環の場へと転換し始めている。リ・コマースは自社商品の流出によるブランド毀損を防ぎ、かつ一点物であるため店舗への来店を促しやすいし、それだけでなくサスティナビリティへの対応という大きな潮流も背景にある。当初、lululemonは、カリフォルニア州とテキサス州の協力店舗で試験的なプログラムとして開始するとしており、同時に「lululemon Like New」による利益は全て、同社の他の持続可能性の取り組みに投資することも約束している。

これらの商品領域の拡張は大きな変化ではあるが、ライフスタイルブランドであるlululemonにとって「モノとしての商品」はその戦略のひとつに過ぎない。lululemonは、communityのメンバーであるguestにとっての体験を向上させるため、顧客接点の変革にも取り組んでいる。lululemonは、2020年には鏡型のスマートデバイスを展開する「Mirror」を買収し、そのデバイスを通してメンバーにオンラインのフィットネスプログラムの提供を開始している。Mirrorはスマートミラーにインストラクターの映像をストリーミングで配信し、鏡に映る自分の動きを重ねながらフィットネスを行えるというものである。Mirrorに登録したメンバーは、用意されたライブストリーミングや1万以上のアーカイブクラスを、自宅にいながらにしてサブスクリプションで受けることができる。これはアパレルを超えたフィットネス市場への異業種参入である。スポーツウエアにも留まらない事業領域の拡張には、彼らがモノの製造販売ではなく、communityを事業の核としていることが強く現れている。

3 ▸▸▸ Communityへの貢献

驚異的な事業成長を続けるlululemonだが、2020年からのコロナ禍ではスタジオはもちろん店舗も開けることができず、少なからぬ打撃を受けている。しかしむしろこの期間にこそ、communityのメンバーとのつながりの強さが際立った。同社はコロナ前から投資を続けてきたオンライン対応を活用しGuestとのつながりを保っただけでなく、communityを支援する直接的な行動を取ることによってその考えを示している。例えばlululemonには全世界のストアにヨガやフィットネスライフを啓蒙する約1,600人にも及ぶアンバサダーが所属しており、店舗にも彼らの写真が大きく掲示されている。スタジオの休業によって経済的な困難に直面した彼らを、「We Stand Together基金」・「アンバサダー救済基金」などを設立し支援した。これはguestにエクササイズ体験を提供するアンバサダーや店舗に立つeducatorが、communityであるlululemonにとって単なる契約先や従業員ではないことを明確に示した行動だ。彼らこそがブランドを代表する存在であり、lululemonが掲げるライフスタイルの体現者であり、communityの中心的な存在なのである。

コロナ禍では世界的なアパレル企業やフィットネス企業が破綻に追い込まれた。これに対してlululemonがコロナ禍を乗り越えられたのは、communityメンバーとの強いつながりがあったからである。苦しい時にこそメンバーのために行動を示したことが更にそのつながりを強め、その後の急激な成長につながっていると言えるだろう。

4 ▸▸▸ “Omni Guest Experience”

コロナ禍に店舗を閉鎖してもなおlululemonがguestとのつながりを強められたのは、そのこと自体が明確な「戦略」として以前から定められていたことにある。体験型の店舗に大きな特徴と強みを持つlululemonだが、2016年初めにはデジタルトランスフォーメーション（以後、DX）に取り組み始め、モバイルアプリやウェブサイトにも積極的に投資を行ってきている。店舗在庫のオンライン受注引き当てなど、いわゆるオムニチャネル対応の実現も早くから推進してきており、モバイルで注文した商品を店舗で受け取ったり、各店舗独自のプログラムをオンライン・オフラインの双方で予約したり、デジタルとフィジカルのシームレスな顧客体験を実現していた。これらがあったからこそ、コロナ禍においては人数を制限した来店予約や、オンラインで購入して店舗の前で商品を渡すBOPIS（Buy Online Pickup In Store）に迅速に対応し、人との接触を避けたいguestに応え続けることができたのである。

重要なのは、lululemonがこれらの取り組みを短期的な成果のためではなく、guest体験の向上というcommunityにとっての生命線として行ってきていることだ。その主語は、「チャネル」ではなく「エクスペリエンス」すなわち顧客体験にある。彼らはこれを「Omni Guest Experience（以下、OGX）」と呼び、lululemonにとって最も重要な戦略「Power of Three」のひとつとして明確に掲げている。

「Power of Three」とは、「製品イノベーション（Product Innovation）」「ゲストエクスペリエンス（Guest Experience）」「国際展開（International Expansion）」の３つである。同社は2018-2021年にかけて成長を牽引してきたのは正にこの「Power of Three」を追求してきたからであり、2022-2026年においても新たな目標に向けてこの戦略を継続するとしている。あくまで重要なのはチャネルをオムニチャネル化することではなく、顧客の体験を良くすることにある。この考えは店舗に至るまで徹底しており、KPIは店舗売上ではなく顧客売上に置かれている。そのため店舗スタッフからすれば、来店したguestにその場で服を購入してもらわなくても、あとでECから購入してもらえれば良いことになる。だからこそguestと対面している時間には、guestにとって価値のある情報や提案を行う「educator」としての役割に集中できるという環境が生まれているのだ。

この戦略思考と行動の結果は、lululemonのEC売上に顕れている。lululemonのEC売上比率は、コロナ前の2019年度でも28.6%と高かった。このEC売上が42.6%とラグジュアリーブランド並みの高営業利益率を叩き出しており、直営店舗部門の営業利益率27.6%を15.0%も上回っていたという。更に2021年度には店舗売上が70%増・EC売上は22%増となったことを発表しており、オフライン／オンライン双方が相乗して成長するという成果を上げている。

成長におけるデジタル投資の重要性は引き続き強く認識しており、店舗のEducatorとのつながりも強化している。オンラインで注文した商品を2時間以内に店舗で受け取れるBOPIS、事前予約によって来店しエキスパートが店舗で一緒にサイズやスタイリングを選んでくれるパーソナルショッピング、それらのエキスパートとオンラインで相談できるバーチャルショッピング、またBNPL（Buy Now Pay Later）決済への対応や、ショッピングリストへの対応も行っている。guestの購買体験だけでなく、調査や市場予測においてもデジタルへの投資を続けていくことを2021年の年間報告でも明言しており、自社が持つファーストパーティデータと外部のサードパーティのデータと組み合わせて顧客行動のパターンを特定し、店舗の従業員が来店した顧客が誰であるかだけでなく各チャネルでどのように行動するかを理解できるCRM基盤を築くとしている。これによってlululemonとつながった顧客は、チャネルに関わらずブランドにアクセスし、個別的な提案を受けられるようになる訳である。これらの取り組みによって、2026年までに全体売上だけでなくデジタルにおける売上も倍増させるとしている。

5 ▸▸▸ "The future of retail"

2022年からの経営戦略において、デジタルとリアルの双方で顧客とのつながりを強める重要戦略として位置付けられているのが、前述したMirrorを含めたdigital platformである。lululemonはこのMirrorを核とした一連のフィットネスプラットフォームを「lululemon Studio」に改称した。Mirrorを通したオンラインだけでなく、北米のプレミアムスタジオと提携し、オンライン／オフラインの双方でより柔軟により多くの業界トップレベルのトレーナーと共にトレーニングができるようになったとしている。これによってlululemonのOmni Guest Experienceはさらに拡張。guestは購買だけでなくフィットネスクラスにおいても、オンライン／オフラインを問わず、柔軟に選択し購買し参加することができるようになる。

さらに、lululemonは、Community Experienceへの参加を意味するlululemon Membershipも強化した。メンバーシップは2種類あり、lululemon Essential会員は会費無料で、「新製品への優先アクセス」「セール品の交換またはクレジット返金」「lululemon Studioのコンテンツ閲覧」「バーチャルcommunityイベントへの参加」「領収書不要で迅速な返品対応」「裾上げの無料対応」を受けることができる。さらにlululemon Studioのサブスクリプション会費を支払っているlululemon Studio会員は、これに加えて「10,000以上の世界最高水準のワークアウト参加」「ほぼすべてのギアが10%オフ」「パートナースタジオ利用が20%オフ」「体験型店舗クラスが無制限」「イベントへの早期アクセス」が可能になる。しかしMirrorの普及自体を疑問視する向きもあり、Mirrorを核とした新しいdigital platformが成功するかどうかはまだ分からない。それでもなおlululemonは、「communityを事業目的として、Omni Guest Experienceを実現する顧客接点を構築し、ここを通した顧客LTVを高める経営基盤の構築に挑んでいる」ことは明らかである。

図1　lululemon の顧客接点

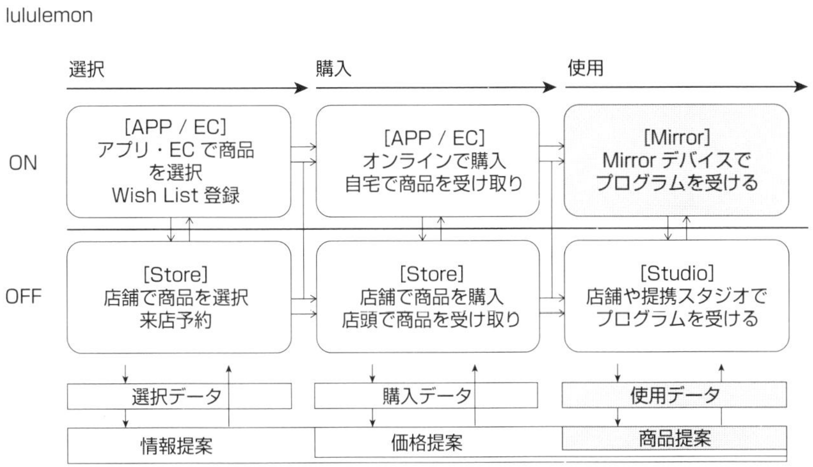

出典：筆者作成（岩井琢磨）。

2 lululemon の戦略解釈

lululemon にとってチャネルへのデジタル投資は、「チャネル」戦略といった領域に留まっていない。community をベースとして考えるからこそ、LTV (lifetime value) を高めることを戦略目標に据え、guest とのつながりを強めるデジタル投資に「経営戦略」として取り組んでいると言える。その基点となっている顧客価値は、「community に関わる人々が心身ともにハッピーでヘルシー、可能性に溢れた生き方を叶えられること」である。それを実現する顧客接点と会員プログラムの構造、そしてこれらを統合したビジネスモデル（図1）を、フレームワークを使って可視化し解釈していく。

使用するフレームワークは筆者らが開発した「顧客時間」という考え方である。通常の小売業ではどうしても顧客の選択と購入という時間にフォーカスし、「いかに買ってもらうか」に焦点があたりがちになる。これに対して「顧客時間」

のフレームワークが示しているのは、選択と購入だけでなく、顧客がその商品やサービスを「使用」する時間までを一連の「顧客体験」と捉える考え方である。顧客が商品やサービスを購入するのは、購入それ自体が目的ではなくその先にある用途や暮らしが目的であることは当然である。lululemon で言えば、ヨガやフィットネスを行うためにヨガウェアやギアを買っている。その使用時間こそが顧客にとっての価値であり、そこまでを含めてオンライン・オフラインの双方で顧客時間に寄り添うブランドこそが、顧客との強いつながりを築くことができる。

lululemon はここまで見てきた通り、「Guest Experience」を重視している。だからこそ創立当初から、フレームワークでの使用時間×オフラインの位置に「店舗スタジオ」を接点として持ち続けてきたのだ。そこにデジタル投資を行い、オンラインとオフラインをシームレスに行き来しながら Guest が選択・購入できる環境を実現してきた。アプリや EC で商品やギア、さらにはクラスを選んでそのままオンラインで決済しても良いし、店舗に行っても良い。また逆に店舗で商品やギアを選んで、後ほどオンラインで購入しても良い。この環境があるからこそ、店舗側は「来店した guest に売らなくてはならない」のではなく、「より良い体験を提供するために」educator としての役割を果たそうとする訳である。

そして最後に lululemon が手に入れたのが、使用時間×オンラインの接点である。それが前述した Mirror である。lululemon は使用時間の Mirror とリアルでのヨガスタジオの双方を合わせた体験を、lululemon Studio と名付けて2022年からの戦略の重点として発表したと解釈できる。これによってフレームワークの6つの象限すべてに顧客との接点を持ち、それらをオンラインとオフラインの双方でシームレスにつなぐ形が一旦は完成したことになる。いかにオムニチャネルに取り組んでいる企業であっても、その多くがともすれば選択と購入時間までで留まったり、オンラインとオフラインのどちらかに比重が偏ったりしていることが多い。その中で lululemon はすべての接点を実現し、かつ顧客がオンラインとオフラインを自由に行き来できる顧客接点を目指していると見ることができる。

使用時間においてもオンラインとオフラインの双方がシームレスにつながっていることの重要性は、そこから得られるデータにある。フレームワークの下部には、各時点において企業側が得られる顧客データが記されている。そしてそこから生み出される顧客への提案が配置されている。選択時間には顧客がどのような選択行動を行ったかを把握して情報提案を、購入段階には顧客の購入状況に応じた価格提案を、さらに使用時間で顧客が購入した商品やギアを使ってどのようなフィットネスを行っているかを把握して次なる商品やサービスを開発することができる。Mirror が成功した場合、lululemon がそこを通して得られるものは、サブスクリプションによる収入だけではない。顧客接点に lululemon Studio 会員というプログラムを組み合わせることによって、その顧客のフィットネスの状況を把握し、そこから顧客に最適な提案を行うことができる。つまりここに至ってはじめて、lululemon が掲げる「心身ともにハッピーでヘルシー」な状態を提供でき、同時に事業においては LTV の最大化を図ることができるようになる。

この可視化から分かることは、lululemon は Mirror を「オンラインプログラムの販路」とは捉えていないということだ。データを通じて Guest と対話し、Guest の行動理解を進めてつながりを強める接点として位置付けている。ここを基点として得られるデータから新たな製品を生み出し、「Power of Three」のひとつである「製品イノベーション」の加速につなげることまでを目指しているのだろう。

lululemon の戦略が優れているのは、顧客接点を配置しただけで終わっていないことである。いかにすべての象限に接点を配したからと言って、それだけで顧客が勝手にそれらを活発に行き来し、自動的に LTV が上がっていくことなど起こり得ない。これらの接点は顧客提案の場である。優れた顧客接点とは、顧客から預かったデータに対して顧客への提案を返すという、密度の高い対話が行われている接点である。その提案を行う核として、lululemon は戦略的な提案を「会員プログラム」として確立している。その内容を、フレームワーク

図2　lululemon の会員プログラム

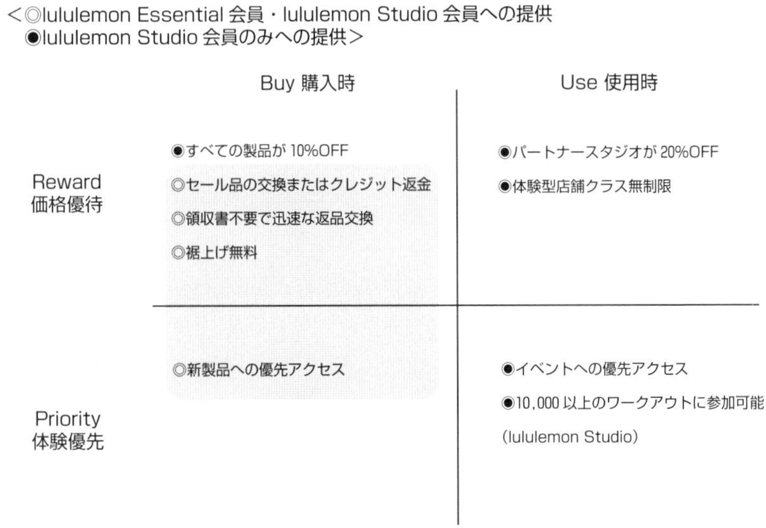

出典：筆者作成（岩井琢磨）。

で可視化している。縦軸は顧客提案の内容である。ひとつは「Reward」すなわち値引きや返金・無料サービスなど、価格面における優待である。もうひとつは「Priority」すなわち新商品への優先アクセスや特別な体験への参加権など、体験における優先権である。横軸はそれらの顧客提案がどの段階で行われるかで分けている。「Buy」すなわち購入時か、「Use」すなわち使用時か、である。このように分けると、無料会員の「lululemon Essential」会員への提案は、主に購入時の価格優待に集中していることが分かる。これに対して有料会員の「lululemon Studio」会員への提案は、購入時と使用時の双方にわたっている。つまり恐らくは顧客当たりの年間売上や利益率が lululemon Studio 会員の方が高く、lululemon はまずはお得感のある Essential 会員で顧客とのつながりを固め、そこから Studio 会員への引き上げていこうとしていることが明確である。その意志があるからこそ、lululemon Studio の体験を完全に Studio 会

図３　lululemon のビジネスモデル

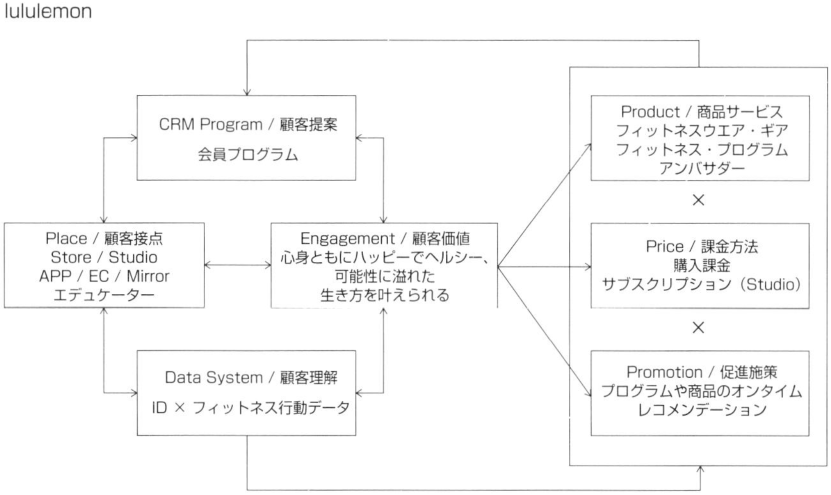

出典：筆者作成（岩井琢磨）。

員に閉じず、Essential 会員もコンテンツだけは見ることができるようにしてある。このようなプログラムが明確にあることによって、lululemon は店頭・アプリ・EC、そして Mirror などの豊富な顧客接点を通して、LTV を引き上げる方向へと顧客提案を行っていくことができる。そしてそれは、顧客にとっても「心身ともにハッピーでヘルシー」な自分を実現する価値のある提案になっている。

この可視化から分かることは、lululemon が会員プログラムを単なるお得を提供するものではなく、顧客価値を引き上げ、同時に自社の顧客基盤を引き上げる重要な取り組みとして位置づけているということである。

これらの一連の設計を、モデルとして俯瞰すると図３のようになる。これは筆者らが開発した Engagement　4P というモデルである。従来のように Product を基点とした発想ではなく、顧客接点と顧客価値を基点として充実させ、そこで築いた顧客とのつながりに応じて、右側の Product（商品サービス）・

Price（課金方法）・Promotion（促進施策）を可変的に最適化して顧客に提案するというモデルである。その前提は顧客接点でオンラインとオフラインを通じて顧客とのつながりを築けていることにある。lululemon は高いレベルで、この完成度を上げてきている。

まず顧客接点は見てきた通り、「心身ともにハッピーでヘルシー」という顧客価値を据え、それを体感できる顧客接点として studio を併設した store を展開している。そしてそこにいる educator やアンバサダーと常時繋がっていられるアプリや Mirror を手に入れている、この優れた接点を通して、lululemon は、顧客を理解し、個々に最適な製品やプログラムを、サブスクリプションを交えて「心身ともにハッピーでヘルシー」であるための提案として提供していると見ることができる。この循環こそが lululemon が顧客基盤を積み上げていくモデルになっている。もちろんこれもモデルに過ぎず、成功するかどうかは分からないが、lululemon は顧客の LTV を高めていくこのモデルを完成したことが、売上高を３年で倍増という高い目標を据えることを可能にしていると考えられるのである。

3 オムニチャネルは戦略にあらず

lululemon の取り組みは、オムニチャネルという手段だけでは捉えきれない。むしろ Omni Channel というチャネルの状態を前提としたときに経営として何がなし得るのかを示している事例と言える。ここまで見てきた取り組みを導くものとして、顧客戦略、投資循環の重要性が示唆されている。

1 ▸▸▸顧客を基点とした戦略

１つ目が、community を核とした顧客戦略である。lululemon は自らの使命を community ベースに持ち、そこから community での LTV を上げる方針を明確に持っている。このことが、Mirror が象徴する使用時間への投資につながっている。そしてそれがさらに顧客とのつながりを強め、LTV を高めていくという好循環を戦略的に意図している。小売業にとって大きなデジタル投資をいかに回収するか。そのリターンを商品売上で得ようとすると、計算が成り立たないというジレンマに陥る。商品売上を押し上げるのは販促投資であるという既成概念から、中長期的なデジタル投資ではなく短期的な販促投資に舵を切ってしまうからである。結果としてズルズルと大型のデジタル変革が遅れていくことになりかねない。

これに対してlululemonは商品売上ではなく、どのくらいの購買を行う顧客をどの程度持つのかという「顧客売上」の観点に立っている。だからこそ顧客体験の向上は戦略的に最も重要であり、そのためのデジタル投資は優先すべき事項となる。またその顧客と会員プログラムを通じて直接繋がり、その理解を深める仕組みを持っていることで予測精度があがっていく。そのため中長期の顧客基盤の成長とデジタル投資を関連付けて、経営計画を立てられるという強みにもつながっている。

2 ‣‣‣ ブランドとデータの両輪

2つ目が、これらのデジタル投資を生む循環である。前述した通りlululemonは定番中心の商品構成、セールの回避、オムニチャネルの推進によって高い利益率を保っている。このことが次の新領域の商品やサービス開発、デジタル開発への原資を生み出している。利益率を高めるためにデジタル投資を行って効率をあげるといった取り組みは間違ってはいない。しかしながらそれによって得られる一時的な利益が販促に回されたのでは、中長期的な経営基盤の強化は望めない。lululemonはcommunityを基軸とした利益率の高いモデルを築いた上で、それをより強化するためにデジタル投資を行っている。強いブランドと強いデジタルを両輪としているからこそ、規模の大きな投資循環が行えていることは見逃してはならない。

lululemonのケースから得られる最大の示唆は、「オムニチャネルそれ自体は戦略ではない」ということである。オムニチャネルが文字通り「チャネル」

の巧拙の議論に留まっていたのでは、事業の成長への投資にはなり得ない。デジタル化の進展は、小売に新しい機会をもたらすと共に、小売のコスト構造も大きく変えようとしている。いわゆる「デジタルコスト」は顧客期待に応えるための必須コストとなる一方で、すぐに利益を生むわけではなく、またそれ自体は競合も同じことに取り組んでいるのであり、それだけでは競争優位をもたらさない。lululemon のオムニチャネルの真価は、「チャネルではなく顧客体験」を主語においていることにある。これがあるからこそ高いブランドを維持し、高い価格帯を維持することができている。それによって実現された高い利益率は企業のキャッシュを豊かにし、また次のデジタル投資を可能にするのである。顧客体験を核としたブランドとデータ活用の両輪をまわす経営戦略が、lululemon が体現していることであり、チャネルはその結果として機能しているに過ぎない。手段と目的を履き違えることが取り返しのつかない凋落を招くことは、オムニチャネルに早くから取り組んだにも関わらず大きな業績改善が見られない米国の百貨店などが実証している。チャネルがオムニチャネル化したところで、事業が成長することはない。チャネルのデジタル対応は手段に過ぎず、重要なのは顧客基点の戦略と、顧客体験の向上である。その観点の重要性を、lululemon の事例は示している。

4 オムニチャネル化がもたらす企業変革：真の顧客中心主義の実現

ここまでオムニチャネル実践企業として lululemon のケースを紹介してきた。本節ではさらにこの解釈を深める視点として、オムニチャネルに関する学術的理解の歴史と最新の研究を俯瞰し、オムニチャネル化が進む小売サービス業におけるチャネル戦略の変化を読み解いていく。

1 ▸▸▸ 先行研究にみるオムニチャネル体験理解の進化

近年の顧客体験に関する先行研究（Lemon & Verhoef 2016）によると、複数チャネルを行き来することが当たり前になった消費者は、買物プロセスの一貫性やシームレスなカスタマー・ジャーニー、オムニチャネル・ジャーニー（Melero, Sese, & Verhoef 2016）を通した買物体験を実感している。それは小売業が提供する複数のタッチポイントを通して企業はもちろん、ユーザー間の交流をSNSやモバイル・アプリケーション等を通して促進する。このような買物プロセスの複雑化は、オムニチャネル買物体験が社会性、交流性という特性を有したものであることを示している（Chang & Li 2022）。

しかし近年までのオムニチャネル研究は、このような買物体験を企業視点での理解に力点を置いてきた（Chang & Li 2022）。奥谷（2021）によると、オムニチャネル消費者行動研究の中心は、購買意図への影響や、チャネル選択行動、支払い意向の変化（Chatterjee & Kumar 2017；Park & Lee 2017；Rodríguez-Torrico, Cabezudo, & San-Martín, 2017）といった、チャネル統合がもたらす経済的効果の解明に焦点を当ててきた。つまり、オムニチャネル体験が消費者にもたらす買物価値には、十分な焦点が当てられていないと言える（Shen, Li, Sun, & Wang 2018）。

一方で2010年後半以降の研究においては、オムニチャネル経験に関する消費者視点研究の萌芽が見られる。オムニチャネル買物体験がもたらす価値構成において重要な影響を与えると考えられる企業のオムニチャネル統合度（Huré, Picot-Coupey, & Ackermann 2017）の消費者知覚の測定を皮切りに、消費者の知覚オムニチャネル統合度がオムニチャネル体験に不可欠なモバイルアプリの利用意向への影響（奥谷 2022）や、知覚されたオムニチャネル顧客体験（Perceived Omnichannel Customer Experience；以下OCX）の測定（Rahman, Carlson, Gudergan, Wetzels, & Grewal 2022）、オムニチャネル買物体験におけるシームレス体験の測定（Chang & Li 2022）などオムニチャネルがもたらす顧客体験の究明が始まっている。

Chang and Lee（2022）はシームレス体験を以下の6つの変数で構成されているとしている。①商品・サービスへのオンラインリンクへのアクセス容易性、②販売戦略の一貫性、③情報の可視化、④決済の簡易さ、⑤物流（返品も含めた）

柔軟性、⑥体験共有の利便性。さらにこれらで構成されるシームレス体験がもたらす、顧客満足度、再購買意向、口コミ行動、ブランド推奨行動への影響度を測定している。Rahman et al.（2022）はOCXは、以下の9つの変数で構成されているとしている。①ソーシャル・コミュニケーション、②買物価値、③パーソナライゼーション、④カスタマー・サービス、⑤一貫性、⑥情報の安全性（個人情報の取り扱い）、⑦配送品質、⑧返品プロセス、⑨ロイヤルティ・プログラム。またこれらで構成されるOCXがもたらす、顧客満足度、ブランド・ロイヤルティ、口コミ行動、財布内シェア（share of wallet）、ブランドへの信頼影響度を測定している。このように消費者視点でのオムニチャネル体験の理解の深化が今まさに進行しているのである。

2 ▸▸▸オムニチャネル体験がもたらす顧客とのつながり

最新の先行研究（Chang & Li 2022；Rahman et al. 2022）からも明らかなように、オムニチャネル戦略の実現が企業にもたらす効果として、顧客満足やロイヤルティの形成、クチコミ・マーケティングの実現が挙げられる。このような顧客関係の構築を進めるためには、オムニチャネル体験を消費者がどのように知覚したのかを測定し、その効果が顧客との長期的な関係構築に寄与しているかの長期的な検証が求められる。つまりデジタルを活用した販売チャネルの拡大と統合が小売・サービス業におけるオムニチャネル化の第1の目的であるとすると、これからのオムニチャネル戦略に求められることは、顧客との長期的な関係性の構築、つまり顧客とのエンゲージメントであると言える。

このオムニチャネル化を通したエンゲージメント構築に関して、筆者らが構築したカスタマーバリューピラミッド」というフレームワークにもとづいて解説を行いたい。筆者らは「エンゲージメント」という言葉を「企業と顧客がつながり続ける価値」であると定義している（奥谷・岩井 2022）。下記のフレームワークは、商品やサービスが提供する「機能価値（Function Value）機能価値」を土台とし、その機能によって得られる「体験価値（Experience Value）」、さらに「つながっている価値（Engagement Value）」が上部に重なる。そしてそれが重層化

図4　Omni Channel 化がもたらす顧客価値の向上

Omni Channel 化がもたらす顧客価値の向上

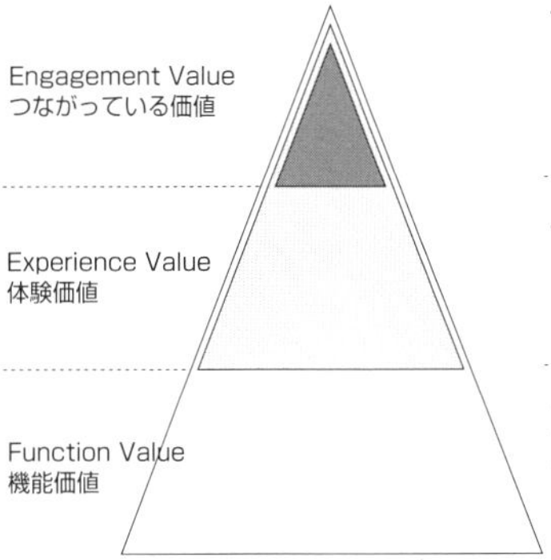

企業行動 Action	顧客行動
・SNS や店舗内外を問わない企業と優良顧客とのコミュニティ形成	・ユーザー間、企業間の柔軟なコミュニケーション ・SNS 等を活用したアンバサダー行動（口コミ）
・オンライン・オフラインを活用した買物体験のパーソナライズ化	・ニーズに応じた柔軟なオムニチャネルジャーニ (webrooming, showrooming) ・継続購買
・販売チャネルのオムニチャネル化 ・ロイヤルティ・プログラムの提供 ・SNS による顧客とのつながり	・モバイルを活用した、オンライン・オフラインにおける買物行動 ・いいね！ボタン

出典：筆者作成（奥谷孝司）。

されたピラミッド構造として、3つの価値に相関関係があるものとしている。

つまり自社の顧客にとってのオムニチャネル化の「3つの価値」は何かを考えることで、顧客に提供できるオムニチャネル成果・価値が明確になる。Chang & Lee（2022）や Rahman et al.（2022）がシームレス体験や OCX の変数をこのピラミッドに簡潔に表示すると下記の図4のようになるだろう。つまり、オムニチャネルがもたらす機能的価値（主に彼らが提唱する体験を構成する変数が機能的価値に当たる）を有効に活用した、優れた顧客体験（一部の変数は体験価値に該当する）価値を構築することが大前提となる。さらに先行研究にある顧客満足度向上はもちろんであるが、消費者の自発的行動である口コミや、アンバサダー行動のように、購買前後の行動まで誘発する行動こそが、Engagement Value、つながっている価値構築を意味する。つまりオムニチャネル化の真の果実とは、このような購買の接点を超えた持続性の高い関係性構築を生み出すことにある。

3▸▸▸オムニチャネル体験の視野と視座の拡張

lululemon の事例からも明らかなように、彼らの OGX は販売チャネルのオムニチャネル化を超え、まさにカスタマーバリューピラミッドにおけるつながり続ける価値を視野に入れたデジタル活用と、educator の融合が真の顧客価値を構築している。

一方でオムニチャネル化を進める実務家の視点からすると、図5のようにデジタル化がもたらす顧客と店舗（本部)、従業員の繋がりというものは買物体験のごく一部にすぎないように見えていることだろう。この図の CX（顧客体験）にはまさに、顧客の存在をイメージしてもらいたい。SX（Store Experience）とは、店舗での買物体験を意味する。最後の EX（Employee Experience）とは、店舗スタッフが提供する接客や買物体験を指す。

この図にある通り、3つの円の重なる部分にオムニチャネル化がもたらすチャネル統合価値が存在する。例えば、CXX と SX の重なりには、在庫検索や、BOPIS 機能などが挙げられる。CX と EX との重なりには、店頭で受けた接客の後に店員と SNS や自社アプリでつながったり、店頭で購買意思決定に至らなかった商品のリンクを共有してくれるといった行為が当たるであろう。さらに SX と EX の重なりには顧客データ本社や店舗、店員との共有や、コーディネート予約のような機能の存在が当たる。このような機能を無くして、デジタルを前提としたパーソナライズ対応は不可能と言える。

ただし、現実の店舗における買物体験は、多くの顧客や店舗スタッフにとってデジタルを活用しなくとも実現可能である。店舗スタッフとのコミュニケーションがなくても店舗（ネット）における買物行動は可能である。つまりデジタル接点がなくても当然ながら顧客の買物行動は実現可能なのである。さらに店舗や経営陣の Technophobic Culture（デジタル化嫌い）(Rigby 2011) が、デジタルを通した顧客とのつながり構築への不信感を醸成していることも事実である。

しかし顧客はコロナ禍を経て、デジタルを通した暮らしの変化、買物価値の変化を体験し終えている。そして lululemon のケースに見る通り、オムニチャ

図5　販売チャネルの外にあるOGX

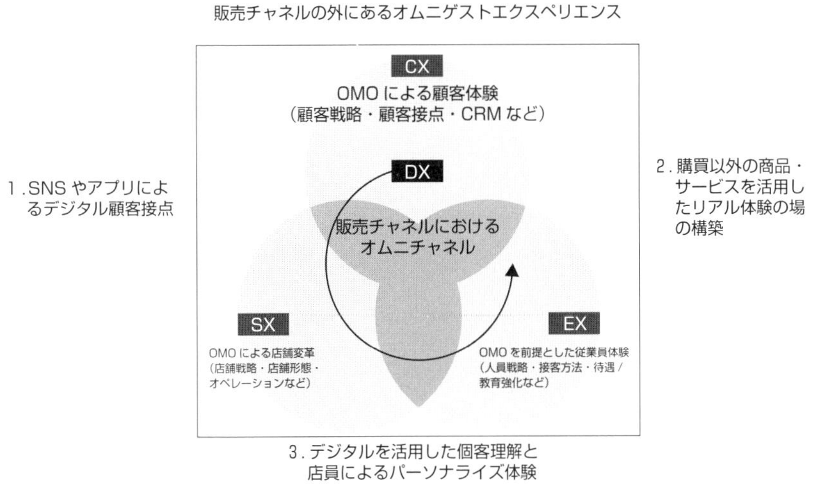

出典：DX diagram© 顧客時間_藤井陽平・岩井琢磨（奥谷孝司加筆）。

ネル化の真の目的とは販売チャネル変革ではなく、顧客体験のオムニチャネル化にある。そのことを理解しないままにオムニチャネル化に取り組む企業は、投資を行っても顧客から選ばれることはない。SNSやアプリを通した顧客接点を強化すると同時に、従業員も積極的に関与する購買体験を創り出し、商品サービスをも変革した相対的な顧客体験の創出こそが求められることになるだろう。

これからの小売・サービス業に求められるオムニチャネル戦略の第2フェーズとは、販売チャネルを通した顧客とのつながりを超える顧客体験の提供にある。もはや販売チャネルのデジタル化、統合は戦略にあたらない。まさにlululemonが掲げる各企業独自のOGXの構築へと戦略を進化、変化させていくことに挑戦していく必要がある（図5）。

第VII章 IMCを加速させるサードパーティー

——株式会社バニッシュ・スタンダード

1 はじめに

1 DXとIMC

ITの発展に伴い、DX（オンライン・トランスフォーメーション：Digital Transformation）やOMO（オンライン・マージ・オフライン：Online Marge Offline）という言葉に表象されるように、小売業を含め様々なサービスのオンライン化が進展している。

このオンライン化を背景とし、マーケティング業界を中心に、Kotlerらの提唱するカスタマー・ジャーニー（Customer Journey）[1]を意識した統合的マーケティング・コミュニケーション（Integrated Marketing Communication：以下IMC）の有用性が注目されている。具体的には、カスタマー・ジャーニーという一連のプロセスとその段階を考慮した、ブランドと消費者の一連のタッチポイント（接触点）におけるCX（顧客体験：Customer Experience）の提供が重要視されている。

ここで議論するIMCとは、そもそも「（財務も含めた）戦略的な視点から、ブランドや企業との消費者のあらゆる接点（直接／間接を問わず）に注目し、コミュニケーションを中心とした統合的なマーケティング」を意味する[2]。IMCを推進するうえで、企業に求められることは、多種多様な顧客接点であるタッチポイントを把握し、様々なメディアを用い、接点別の最適なコミュニケーションを選択・実現することだけではない。自社だけでなくステークホルダーをも巻

1　カスタマー・ジャーニーに関してKotlerは、認知（Aware）→訴求（Appeal）→調査（Ask）→行動（Act）→推奨（Advocate）と、5つの“A”が段階的に推移する顧客の購買プロセスとして議論する。

図1　オムニチャネルIMCのフレームワーク

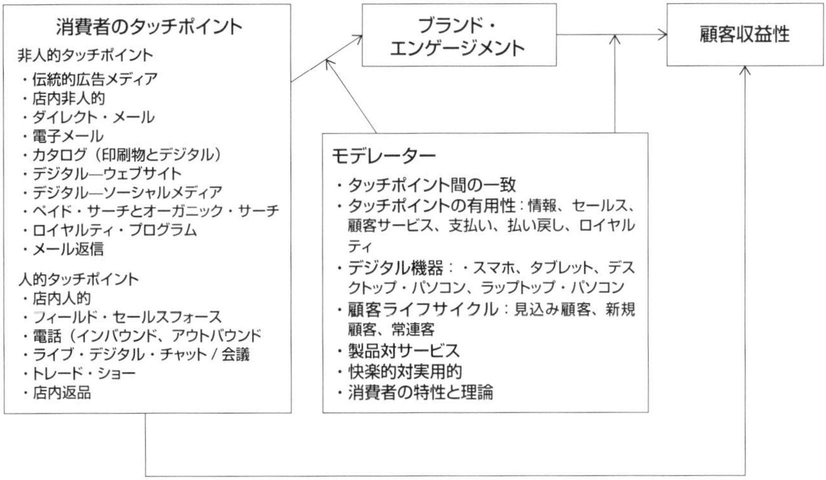

出典：Payne, E. M., Peltier, J. W. & Barger V. A.（2017）Omni-channel Marketing, Integrated Marketing Communications and Consumer Engagement：A Research Agenda. *Journal of Research in Interactive Marketing, 11*（2）, p.187.

き込みながら、直接的 / 間接的に顧客にアプローチすることが望まれる。

IMCに関わる言説において、オムニチャネルの視座からIMCの実現（運用）を言及する研究も存在する。例えばPayne et al.（2017）は、オムニチャネルの文脈（消費者の）ブランド・エンゲージメント（Consumer-Brand Engagement）[3]の醸成・促進によって顧客収益性（Customer Profitability）が獲得できるとする、オムニチャネルIMCのフレームワークを提起している。

ただカスタマー・ジャーニーを意識したIMCを実行するうえで考慮すべきは、必ずしも消費者がすべてのカスタマー・ジャーニーの段階を介し、また順

2　IMCに関する定義は数多く存在し、統一的な見解が不在であるという課題や、議論研究者の視点が異なるという課題、理論と手法が確立していないなどの課題が存在する（cf. 圓丸 2022）。本章で提示した定義は、Batra and Keller（2016）および岸（2017）の議論を踏まえ、IMCの特徴から提起したものとなる。ITの発展に伴い、SNSの活用のみならず、顧客データを活用することも、IMCでは顧客接点であると位置づける。

序通りにプロセスを辿るとは限らないという点である。そのため、カスタマー・ジャーニー各段階における密度（接触頻度の多さ）、段階から段階への推移（移行にかかる時間など）、そして顧客の購買履歴の把握を基盤とした、タッチポイント別の最適なコミュニケーションの実践が、コミュニケーション主体である企業に求められる[4]。

加えて、商品特性によって、オンラインでの体験（Experience）よりもリアルでの体験が評価されることも、小売業者は留意する必要がある。たとえば、オンラインでの体験音楽、新聞、映画、書籍、マルチメディアライブラリーなどの財はオンラインにおける体験と親和性が高く、その一方で、アパレル、サングラス、運動靴、時計そして食品といった財はオンラインでの体験との親和性が低いという[5]。この点も含め、どのような製品・サービスがカスタマー・ジャーニーにおけるオンライン / オフラインのタッチポイントに適合するのか、小売業者はIMCを実践する際に十分に検討しなければならない。

上述したように小売業者のIMCの実践において、①顧客のカスタマー・

3　Payne et al.（2017）が示したIMCの成果変数となるブランド・エンゲージメントは、Hollebeek et al.（2014）の「中核的な消費者とブランド間の相互作用における、あるいはその相互作用に関連する、消費者のブランドに対し保有するポジティブな認知、感情、および行動活動」というCustomer Brand Engagement（CBE）の定義を踏まえたものである。そしてPayne et al.（2017）はCBEの構成概念に関わる研究蓄積の不足を指摘しつつ、Barger et al.（2016）の研究を援用し、“ブランド（Brand Effects）”、“製品（Product Effects）”、“消費者（Consumer Effects）”、コンテンツ（Content Effects）”、（Market Effects）”の、5つの視点の違いを踏まえた定量調査の必要性を示唆する。詳しくは、Payne et al.（2017）を参照されたい。

4　Batra and Keller（2016）は、（カスタマー・ジャーニーと近似的なフレームワークである）カスタマー・デシジョン・ジャーニー（Consumer Decision Journey：CDJ）の則したIMCのあり方を提議している。具体的に彼らは、CDJの各段階別に求められるコミュニケーション内容・目的（Communication Needs and Objectives）の違い、そしてその違いに則したコミュニケーション手法（Communication Options）を考慮することを示唆している。加えて、IMCの成果指標として、“到達範囲（Coverage）”、“コスト（Cost）”、“貢献（Contribution：単体のコミュニケーション手法による目的達成への貢献度）”、“共通性（Commonality）”、“補完性（Complementarity）”、“シナジー効果（Cross-Effects：コミュニケーション手法間の相互作用）”、“順応性（Conformability）”から構成される、IMCの効果測定のための基準である7Cを提示した（翻訳は岸［2017］、18ページ）を参考にした）。

5　Griffith and Qimei（2004）を参照されたい。

ジャーニーを理解（把握）すること、②場の特性（オンライン／オフライン）に則した財（商品／サービスの形態）を選択すること、そして③カスタマー・ジャーニーの各段階での最適なコミュニケーションを実施すること、が重要となる。

では、これら①～③を念頭に置いたIMCの活用とは実際どのようなものであろうか。加えて、IMCを実施するためのマネジメントには何が求められるのか。

本章では、Payne et al.（2017）の議論を背景に、“タッチポイント”、“ブランド・エンゲージメント”、そして“（顧客）収益性”に焦点を当て、以下のリサーチ・クエスチョンに関して議論する。

・IMCを実践するうえで重要となる要因とは何か
・IMCの成果指標とはどのようなものか
・IMCを実践するための戦略およびマネジメントとはどのようなものか

これらリサーチ・クエスチョンを明らかにするため、先駆的な事例として、セレクトショップをはじめとするアパレルブランドを中心に多くのブランドで採用されている[6]バニッシュ・スタンダードのオンライン接客DXツール「STAFF START」（「STAFF START」を活用したデイトナ・インターナショナルの事例を含め）に注目する。アパレルブランドではなく、IT企業である同社に注目する理由は、（アパレルのみならず）多種多様な企業（主に小売業）に支持されているツール（それに付随するサービス）を提供していること、そして何より、そのツール開発の背景に、顧客接点の拡大と強化を可能にするDX時代におけるIMCのノウハウを有しているためである。このバニッシュ・スタンダードの「STAFF START」の事例を通じて、本章ではDX時代における小売業のIMCのあり方を議論する。

6　2021年12月段階では1,700の国内ブランドが「STAFF START」を採用している。

2 バニッシュ・スタンダード「STAFF START」とは：店舗スタッフ基点のオンライン接客ツールによる“売場”機能の拡大

1 ‣‣‣バニッシュ・スタンダードとは

「STAFF START」を紹介する前に、そのアプリ（サービス）を提供するバニッシュ・スタンダードについて紹介しておこう。

バニッシュ・スタンダードは、「働く現場の常識を革める」[7]を共通目標に、「つまらない常識を革め、おもしろく生きる人を世界中に」[8]というパーパスのもと、独自のアプリケーションの企画開発を手掛ける、2011年に東京で産声を上げたIT 企業である。

もともとEC 事業の企画開発を事業の要とする企業であったが、現在ではEC 事業に関わる事業を辞め、「店舗スタッフを主役にするサービス」である「STAFF START」の企画開発およびその提供に関わる事業に同社は注力している。

2 ‣‣‣STAFF START とは

バニッシュ・スタンダードが提供する、店舗スタッフ向けのオンライン接客アプリ「STAFF START」は、2016年に市場に導入された。「STAFF START」を経由した売上（EC 売上）は年々増加傾向にあり、2022年のEC の年間流通総額は1,529億円[9]と、2016年の1.4億円から1000倍近い増加となっている。導入するブランドも、アパレルだけではない。コスメ（コーセー）、家具・インテリア（ニトリ）、家電（ヤマダ電機）、百貨店（三越伊勢丹百貨店など）さらに食品・飲食（エノテカ）、美容院、ネイルサロン、結婚式業、ジム、住宅サービス、保険・証券など、モノだけでなく、コト（サービス）の提供を主としたブラン

---

7 小野里（2023）、81ページ。
8 小野里（2023）、81ページ。
9 2022年 8 月現在

ドまで拡大している。その結果、2022年度時点で2,100ものブランドが採用するアプリとなった[10]。

この「STAFF START」の導入拡大、また「STAFF START」を経由した売上拡大の背景には、EC売上への貢献、そして店舗スタッフの個人売上の大幅な拡大がある。

EC売上への貢献に関して、「STAFF START」を用いたオンライン接客は、採用先のブランドの自社EC内の売上シェアの（平均）32.3％も占める（2022年度）。この数値は、様々なECへの遷移がある中で、「STAFF START」を介したタッチポイントが、ブランドのみならず消費者にとっても魅力的な接点であることを意味している。実際、たったひとつの投稿が、8,000万円を超える売上に寄与する事案も確認されている。

一般的にアパレル市場において、優秀な店舗スタッフであっても、店舗で獲得できる月間売上高（平均）は100～200万程度という。しかし、「STAFF START」を用いたオンライン接客によってECでの購買が促進された結果、個人売上を500万円以上、さらに1,000万円以上に伸ばした店舗スタッフが確認されている[11]。過去には、月間最高売上2億6,000万円、あるいは年間最高売上10億3,000万円を計上した店舗スタッフも存在する。

また「STAFF START」を介したオンライン接客による売上に関して注目すべきは、都市部の店舗スタッフよりも地方店スタッフが高い売上を計上しているという点である。具体的には、2021年9月～2022年8月の一人当たりの売上が高い都道府県のランキングは、富山（1位）、群馬（2位）、栃木（3位）、東京（4位）、石川（5位）と、関東や関西圏の都市部よりも地方のスタッフのオンライン接客が支持されている。

このように「STAFF START」は、「消費者のブランドに対し保有するポジ

10　2022年8月現在

11　PR Times、「STAFF START 7周年、流通経由売上1748億円達成！個人での月間最高売上2億6000万円超～アパレル以外も好調！ソニーストアで1投稿の最高売上が圧巻の9489万円を突破～」、2023年10月23日。（https://prtimes.jp/main/html/rd/p/000000169.000010183.html）

ティブな認知、感情、および行動活動」である“ブランド･エンゲージメント”を促進し、その結果として「顧客収益性」を向上させる、“タッチポイント”において高い効果をもたらすオンライン接客ツールといえよう。

では、なぜ「STAFF START」がこのような“タッチポイント”となり得たのか。以下では、「STAFF START」の接客／マネジメントをサポートする機能およびその特徴について言及する。

3 ▸▸▸ STAFF START の機能

店頭スタッフが活用する「STAFF START」の接客機能は、オンライン接客に関するものと、店頭での接客に関するものがある。オンライン接客に関する機能には、①自社 EC サイトにコーディネート（スナップ写真）を投稿する機能（商品登録機能も含む）、②「まとめ」機能と称されるブログ形式の記事[12]を投稿する機能、③商品に対する評価スケール[13]を掲示できる「スタッフレビュー」機能、④動画を投稿する機能（動画接客機能）、⑤コミュニケーションアプリ「LINE」を介して接客ができる機能（「LINE STAFF START」[14]）がある。

加えて、店舗スタッフが活用できる店舗での機能には、（ショールーミングなど）店舗での購入に至らなかった顧客に対し、⑥自社 EC サイトに掲示されている商品情報を QR コードで提供するための「店舗接客」機能がある。この「店舗接客」機能に関して特筆すべきは、後述するスタッフの「評価」機能に連動し、顧客に提供された QR コードは店舗スタッフの ID に紐づけられ、その QR コードから EC サイトへ推移した顧客の誘導履歴が彼らの評価として計上される点である。

「STAFF START」を活用した主たるマネジメント機能は、店舗スタッフのオンライン接客の評価に関わるものである。具体的には、①売上ランキングや

12 記事のレイアウトは、アプリ内で自由に変更できる仕様となっている。
13 評価スケールは自由に設定できる仕様となっている。
14 LINE STAFF START では、コミュニケーションアプリである「LINE」を介して、LINE チャット、メッセージ配信、そして通話といった、店頭スタッフと顧客が One to One でコミュニケーションができる機能を有している。

店舗スタッフの評価を可視化することができる「評価」機能、②成績に応じてスタッフに（成果）報酬を算出することができる「YELL BONUS」機能がある。

その他にも、③店舗スタッフによる商品評価を可視化する「バイヤー」機能があり、商品の仕入れや売場展開等の場面で活用されている。将来的に「STAFF START」の新たな機能として、売れ行きの悪い商品を販売した場合に店舗スタッフの評価が高くなる「商品スコア」機能、そして投稿者だけでなくその投稿をサポートするスタッフ（例えばスナップ写真の撮影など）を評価できる機能の提供が予定されている（システムとしては既に実装済み）。

4 ▸▸▸ STAFF STARTの特徴

「STAFF START」はその機能に加え、開発の経緯や背景にある思想（文化）に関しても、IMCを議論するうえで特筆すべき点がある。

バニッシュ・スタンダードでは、「『なりたい職業ランキング』に“販売スタッフ”を再ランクインさせる」と「店舗スタッフの年収を1,000万円にする」をミッションに、事業を展開している。その事業の要である「STAFF START」は、そもそもバニッシュ・スタンダードのCEOである小野里寧晃氏がアパレルの店舗において店舗スタッフが困窮している姿を目にしたことを契機に、店舗スタッフの労働環境の向上を目的とし開発された。

「STAFF START」を展開するうえで同社では、現在の市場環境も踏まえ、オンライン／オフラインという場の違いに関わることなく、売場を「顧客ごとの接点（タッチポイント）」と位置づけている。そして、そのタッチポイントである売場において、店舗スタッフが提供すべき最も重要な顧客経験こそ「ホスピタリティある対応」であるとし、オンライン／オフラインの垣根を越え、ホスピタリティある接客の提供を可能にするツールとして「STAFF START」は誕生した。

「STAFF START」のユーザビリティは、上述したように店舗スタッフに寄り添うかたちで開発されたツールである。そのため、彼らになじみのあるツール（主にLINE、Instagram、Youtube等のSNSアプリ）へ寄せた（また連動する）仕様となっている。小野里氏が、「ちょっと前だったらゲーム。今だったらもうSNSに合わせるだけです」と話すように、デバイスやコミュニケーション・ツールのトレンドを意識したユーザビリティが採用されている。

加えて「STAFF START」の別の特徴は、店舗スタッフの「接客における成功体験」、つまり（Employee Experience：以下EX）を中核としたマネジメントの重要性（EXの形成と促進）を高く掲げている点にある。バニッシュ・スタンダードでは、「STAFF START」の導入に際し、導入先の企業に、（ツールの使い方よりも前に）まず従業員である店舗スタッフへの向き合い方、つまりEXの向上を提案するという。

この提案の背景には、同社の事業ミッションが店舗スタッフへの貢献を掲げているという理由だけでなく、企業（あるいはブランド）と顧客とを結びつける、店舗スタッフを紐帯とするDXの戦略が現在の市場において有効であるという、先述したような高い売上実績がある。

そのため、店舗スタッフ発のDXの実現と維持には、彼らのEXを充足することが必要条件となる。「STAFF START」を介し店舗スタッフは、オンライン接客による顧客の反応（ECへの誘導やECでの購買）を確認することで、EXを知覚し充足することができる。さらに、マネジメントを管轄する部署が、そのオンライン接客を評価（報酬への還元）することで、店舗スタッフのEXはさらに向上する。そして、EXを充足することで、オンライン接客に対する店舗スタッフの高いモチベーションが形成・維持（定着化）され、それが顧客にとって最適な「ホスピタリティある対応」の誘因となり、最終的にCXが向上した成果として、企業に高い収益性をもたらす（図2）。

また、「STAFF START」に関するEXをより理解するうえで、バニッシュ・スタンダードが取り組んでいるEXに関わるイベント、「スタッフ・オブ・ザ・イヤー」についても紹介しておこう。

「スタッフ・オブ・ザ・イヤー」は、「令和のカリスマ店員」を決めるオンライン接客コンテストである。このコンテストは、コロナ禍における2021年から実施され、今年で4年目となる。そして審査は3段階から成り、「STAFF

図2 『STAFF START』を活用したDXにおけるEXの重要性

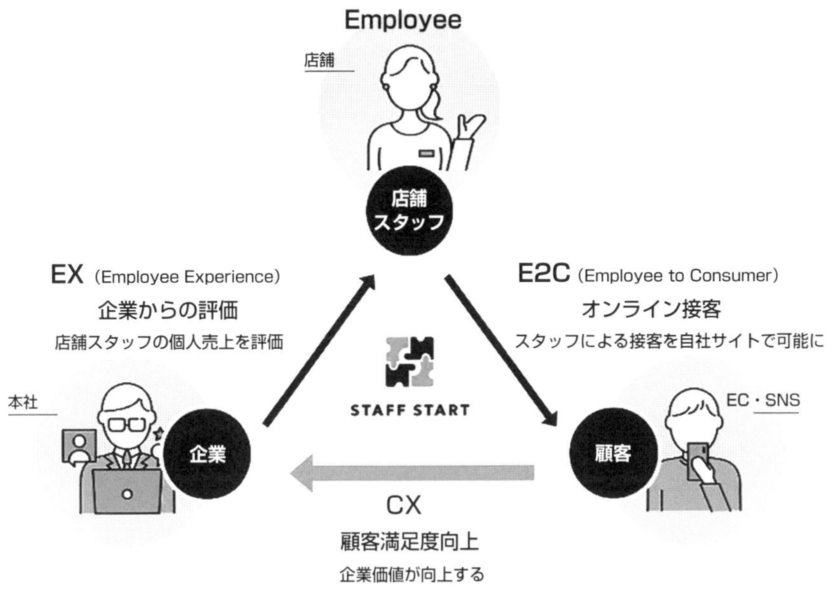

出典：バニッシュ・スタンダード提供。

START」経由のEC売上やInstagramのフォロワー数が審査基準となる1次審査、EC売上とフォロワー数に加え特設サイトでの一般からの応募投票からなる2次審査、そしてステージで審査員から評価を受ける本審査（3次審査）の順に実施され[15]、最終的に上位5名が選出される。バニッシュ・スタンダードが主催する「スタッフ・オブ・ザ・イヤー」では、入賞者に賞金が授与されるだけでなく、渋谷のセンターで街頭広告の出演権も譲渡されるなど（写真1）、「STAFF START」同様、店舗スタッフのオンライン接客を評価するEXの場

15　2021年の「スタッフ・オブ・ザ・イヤー」では、「STAFF START」を利用している7万人の店舗スタッフが1次審査において審査され、厳選された400名が2次審査に進むこととなった。そして2次審査では、まず15名が選出され、その後の延長投票の結果を受け、3名を追加した18名が最終審査の対象となり、本審査ではそのなかから上位5名が選出された（詳しくは、小野里 2023を参照されたい）。

写真１　「スタッフ・オブ・ザ・イヤー」入賞者が掲載された交通広告

出典：バニッシュ・スタンダード提供。

として機能している。

また「スタッフ・オブ・ザ・イヤー」に関して注目すべきは、「スタッフ・オブ・ザ・イヤー」が店舗スタッフのEXだけでなく、顧客のCXにも寄与する点である。第１回目の「スタッフ・オブ・ザ・イヤー」の２次審査の応募投票の総数は1,800万票、そして本審査（３次審査）のライブ中継の視聴者数は19万人（当日のみ）と、多くの顧客が参画している[16]。

「スタッフ・オブ・ザ・イヤー」の取り組みも含め、バニッシュ・スタンダードの『STAFF START』は、上述した特徴的な開発の経緯や背景にある思想（文化）、さらにそれを背景に開発された高いユーザビリティを有する機能により、多くのブランドに導入されるようになった。

では、その導入先の企業（ブランド）はどのような点を評価しているのか、次節ではデイトナ・インターナショナルの事例を踏まえ、『STAFF START』の接客／マネジメントに関わる機能がどう活用され、ブランド・エンゲージメントや（顧客）収益性に寄与しているかを議論する。

3 「STAFF START」の導入事例

1 デイトナ・インターナショナルと「STAFF START」

FREAK'S STOREを筆頭に、FridaやAresenseなどのブランドを展開するデイトナ・インターナショナルでは、「STAFF START」を2020年から導入していた。しかし、その活用はスナップ写真の掲載のためのツールとして活用されていたのみであり、DXを促進するツールとしては活用されていなかったという。2021年6月に、同社では取締役常務執行役員に加藤利典氏を据え、デイトナ・インターナショナルの事業戦略の中核に「ECへの誘導のためのDX」へ大きく舵を切ったことで、「STAFF START」の同社における活用の仕方は変化することとなる。具体的には現在「STAFF START」はデイトナ・インターナショナルのDXにおいて、EXの促進というマネジメント体制の形成（文化形成）と店舗スタッフのデータ活用能力の醸成という点、さらに自社ECでの売上向上への貢献という点で寄与している。

もともとDXを強化する以前から、デイトナ・インターナショナルの売上におけるECでの比重は高かった（全体の売上の55～60％）。ただ、EC売上の90％近くはZOZOTOWNを経由するものであり、またその売上のほとんどが

16　詳しくは、小野里（2023）を参照されたい。

FREAK'S STOREに関わるものであった。

このような状況を踏まえ、自社ECでの売上の拡大と、FREAK'S STORE以外のブランドの売上の拡大を試み、DX推進を「一丁目一番地」に掲げ、同社は2021年9月にDX推進本部を立ち上げる。現在では、自社ECをリニューアルし、各ブランドがその世界を表現できるモール型「デイトナパーク」を新たなタッチポイントに、顧客エンゲージメントのさらなる獲得と売上拡大を図っている。

以下では、デイトナ・インターナショナルのDX推進における「STAFF START」の位置づけとその評価に関する、DX推進担当者および（同社で最も「STAFF START」を活用しEC売上を保有する）店舗スタッフへのインタビュー調査内容を記述する。

2 ›››DX推進担当者からの『STAFF START』の評価

デイトナ・インターナショナルでは先述のようにDXを戦略の要としている。オンライン／オフラインの垣根を越えたタッチポイントの形成と自社EC売上の拡大のため、「デイトナパーク」や、デジタルサイネージを活用したインタラクティブミラー「+PLUS MIRROR」など、シームレスな顧客体験を提供するDXを自社内で企画・開発・運営している。

同社のDXは、基本「内省化」をその特徴とするものである。総責任者である加藤利典氏はこの「内省化」を選択した背景に、（外注よりも）低コストでの開発が実現、DXに関する知識が社内に醸成・蓄積、調整や仕様の改修等の容易性を挙げる。

しかしながら、EX基点のDXに関しては「内省化」ではなく、外部のサービスである「STAFF START」を全面的に採用している。加藤氏は、「STAFF START」のユーザビリティが店舗スタッフにとって親和性が高いこと、コミュニケーション効果の測定に関する機能（そのなかでもデータの可視化に関する機能）が充足していること、そして「店舗スタッフ基点のDX」を社内に浸透させるための組織づくりに全面的に協力してくれる体制を高く評価し、採用を継続していると話す。

シームレスなIMCを実現するうえで、最も重要なことは、そのコミュニケーション効果をいかに測定し、その効果を踏まえたマーケティング戦略を実践することである。デイトナ・インターナショナルでは、「広告の費用対効果（Return On Advertising Spend：以下ROAS）」をIMCの実践するうえでの指標として重要視している。

ECを展開する（アパレル）小売は、多くの場合、ECの売上に対するインターネット上のコミュニケーションを経由するROASを測定できているという。しかしながら、店舗での売上に対するコミュニケーション効果を測定のためツールは少ない。このような背景もあり、デイトナ・インターナショナルでも、オンラインのコミュニケーション（LINE STAFF STARTやスナップ写真など）から店舗への経由、店頭からECへの経由（「店舗接客機能」）、そしてオンライン/オフラインのクロスセル（併売）も測定できる「STAFF START」を採用する運びとなった。

「STAFF START」を介して可視化された売上傾向のひとつには、「同社のブランドをクロスセルする顧客がECあるいは店頭のみで購買する顧客よりも約4倍以上の売上を計上する」[17]というものがある。顧客動向と売上との関係性が可視化されることで、データドリブンな事業戦略の重要性が社内で浸透しやすくなったという。

その後、ROASを指標とする戦略の重要性が社内で知覚されるようになると、「STAFF START」を介した店舗スタッフ発のIMCの有用性が浸透するようになった。加藤氏は現在でもIMCの重要性を社内に浸透させるため、小野里氏とともに、社内スタッフに対して、「リアルの店舗の接客は1対1の関係性だが、オンラインのコミュニケーションは1対n、1対1000万人、1対1億人につながる可能性がある」と話すなど、オンライン接客という“タッチポイン

17　デイトナ・インターナショナルでは、店舗のみ（オフライン）とEC（オンライン）の売上を「顧客当たりの平均売上高（Average Revenue Per User：ARUP）」をKPIに据え評価している（詳しくは、小野里2023、129ページを参照されたい）。

ト”の有用性の啓蒙にも力を入れている。

加藤氏は、「STAFF START」の機能だけでなく、その背景にある思想や文化に共感したこと、さらに自社の事業に関して理解し寄り添ってくれることも、外注化（協業する企業選定）のポイントである話す。

現在、デイトナ・インターナショナルのEC売上は増加し、EC売上における自社EC構成比率も向上している。この原動力こそ、店頭スタッフ発のDX、つまりオムニチャネルIMCが実践されたためである。

では、店頭スタッフはこの変革に関してどのような意識をもっているのであろうか。「STAFF START」に対する評価も包摂し、以下ではFREAK'S STORE（ソラマチ店）の橋祐一氏へのインタビュー内容を記載する。

3 ▸▸▸ 売場担当者からの「STAFF START」の評価

橋氏のFREAK'S STOREへの入社は2021年と、勤続年数は長くはない。しかしながら、彼はデイトナ・インターナショナルのなかで最も「STAFF START」を活用し、そして誰よりも高い売上を計上する。

「STAFF START」を活用したオンライン接客に従事するなかで橋氏は、店舗とオンラインの「場」は全く異なる消費者タッチポイントであると認識している。前者における接客は、声掛けとそれに続く会話が最も重要なコミュニケーションであるという。一方、後者は、多くの顧客と1対1あるいは1対多でつながれる接点であるものの、自身のスタイル（提案するファッションスタイル）に親和的な顧客との接点であると、橋氏は話す。

また橋氏が注力して提案する商品も、オンライン／オフラインでは異なるという。デイトナ・インターナショナルの店舗の主要顧客層は20～40代、オンラインにおいては30代以上となっている。その顧客の特性による違いもあるが、オンラインにおいて反応が高いコーディネートの特徴は、「アウトドア」や「アメカジ」といったカテゴリー（テーマ）に帰属するテイスト偏重のコーディネート提案である。つまり、「わかりやすいコーディネート」提案が好まれる傾向にある。

ただ、この傾向は店舗とオンラインにおける顧客の嗜好が異なるというものではない。実際、店舗においてもテイスト偏重の顧客の割合が多い。つまり、オンラインにおける顧客の母数が店舗に比べ多いことに比例し、テイスト偏重な顧客層の総数がさらに多くなるというものである。そのような顧客の（接客時における）情報探索の特徴として、表象的な情報（ブランド名、テイスト、テイストに沿った組み合わせなど）が好まれるという。

橋氏は､自身にとってのターゲットの明確化や､また売れやすいコーディネート提案ができるようになった背景に、スナップ写真などに対する顧客の反応を可視化する『STAFF START』の機能を挙げる。データによって客観視できることで、顧客を刺激するパターンが明確になり、効果的かつ効率的なコミュニケーションが実現できるようになったという。

また自身のコミュニケーションが顧客に影響を与えた理由として、「リテールブランド（FREAK'S STORE）の強さ×（店舗で）取り扱うプロダクトブランド（例えばパタゴニアやノースフェイス）の強さ」が顧客評価の前提にあると、橋氏は話す。この顧客の傾向（購買行動）とはつまり、どのリテールブランドがどのような（人気の）プロダクトブランドを扱っているかを、顧客が重要視していること、そのうえで店舗スタッフからの提案を情報源として参考にしていることを意味する。

加えて橋氏は、顧客との1対1のコミュニケーション、具体的にはLINE STAFF STARTを活用したコミュニケーションにおいても、個人のLINEアカウントよりもブランド公式の個人アカウントでのコミュニケーションの方が円滑であると話す。具体的に同氏は、公式アカウントであるがゆえ顧客にとってその情報は既に「安心感」や「信頼感」を担保するものであること、また店頭スタッフの個人アカウントへの連絡よりも気兼ねなく連絡できるコミュニケーション・チャネルであることを、その理由として挙げる。

さらに、公式アカウントでのオンライン接客は、スタッフの出勤に則したものであるため、店舗業務と連動した対応が可能となることでスタッフの作業効率が向上するという、店舗マネジメントへ貢献するものでもある。

図3　IMC における店頭スタッフの役割

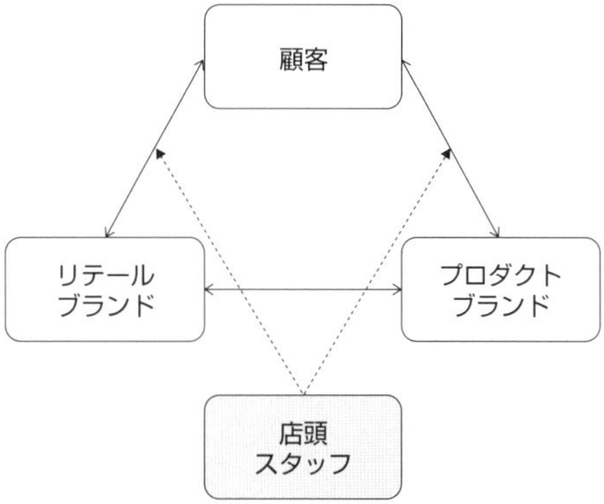

出典：著者作成。

以上のような橋氏の売場での活躍を踏まえ、IMC における店舗スタッフの役割を考察すると、店舗スタッフとはリテールブランドと顧客、プロダクトブランドと顧客との２つの関係性を促進する、まさに要となる存在である（図３）。

現在、デイトナ・インターナショナルは、オンライン接客において一般的に人気のブランド（例えばパタゴニアやノースフェイス）に関する店舗スタッフの投稿が集中する傾向にあることを課題として認識している。そのため今後のマネジメント施策として、人気商品よりも売上が立ちづらい商品を販売した場合、店舗スタッフ評価が高まるような評価体制を採用することも視野に入れている。

4　カスタマー・ジャーニーを意識した IMC を実現するための要因とは

本章は、「STAFF START」の事例を介し、小売業にとって有益な IMC を可能にするための要因を議論するものである。具体的には、以下のリサーチ・クエスチョンの解明を目的とする。

・IMCを実践するうえで重要となる要因とは何か
・IMCの成果指標とはどのようなものか
・IMCを実践するための戦略およびマネジメントとはどのようなものか

本節ではその目的に沿い、先の事例を踏まえ、改めてカスタマー・ジャーニーを意識したIMCを実現するための、必要とされる要因の実態と、留意すべき成果指標、そしてマネジメントのあり方について言及する。

1 ▸▸▸IMCを実践するうえで重要となる要因

IMCを実現するための要となる“タッチポイント”に目を向けると、バニッシュ・スタンダード、そして取引先であるデイトナ・インターナショナルでは、「顧客ごとの接点（タッチポイント）」を、オンライン／オフラインという場の違いに関わることなく“売場”であると位置付けていた。また、そこにおいて「顧客エンゲージメント」を高めるために求められる要因として、「ホスピタリティある対応」という言葉に包摂される、「顧客体験（CX）」が重要視されていた。そして、この「顧客体験（CX）」を提供する最たる要因に位置付けられていたのが店舗スタッフである。

店舗スタッフが売場という“タッチポイント”において、「顧客体験（CX）」を提供することで、顧客のブランドに対するポジティブな認知反応やそれに準じた行動（購買や他者への訴求など）である“ブランド・エンゲージメント（リテールブランド／プロダクトブランドに対する）”が高められ、その成果として最終的に顧客収益性が向上する。

デイトナ・インターナショナルでは、この顧客との関係に関わる一連のコミュニケーション・プロセスを、「STAFF START」を活用することで実現している。前節で示したように、そのプロセスにおいて、年齢（世代）、ファッションの嗜好性（スタイル偏重の消費者の多さ）、買物行動の違い、求める顧客体験（情報探索に対して利便性の高い接客）、そして顧客ライフサイクルといった消費者特性に関わるデータを把握すること、さらにその知見を接客に生かすことが店舗スタッフに求められる。

ファッションの嗜好性（スタイル偏重の消費者の多さ）に関しては、アパレルを商材とする事例にのみ適合する要因である。ただ、“○○に対する嗜好性”というように、財やサービスの形態に対する嗜好性と捉えれば、その他の要因同様、他の小売業者にとっても有益な視点となる要因であるといえよう。

では、これらの考慮すべき要因を踏まえ、小売業はどのようにIMCを実現し、成果に結び付ければいいのであろうか。

2 ▸▸▸ 成果指標を可視化することの優位性

「STAFF START」を活用した事例を振り返ると、“タッチポイント”において店舗スタッフが“顧客体験（CX）”を提供すること、それと同時に“タッチポイント”での“成功体験（EX）”をが店舗スタッフへと還元されることが、IMCの実践においては重要であることがわかる。実際に「STAFF START」は、オンライン接客に関する様々な機能や店舗でのQRを提供する機能などによって“顧客体験（CX）”の促進・強化に貢献するとともに、オンライン／オフラインでの接客の評価、つまり“成功体験（EX）”を“可視化”する機能により、高い“顧客体験（CX）”を提供するための手がかりを店舗スタッフに提供している。

デイトナ・インターナショナルでは、「STAFF START」によって可視化された広告の費用対効果（ROAS）、具体的にはオンラインのコミュニケーション（LINE STAFF STARTやスナップ写真など）から店舗への経由、店頭からECへの経由（「店舗接客機能」）、さらにオンライン／オフラインのクロスセル（併売）を、収益性につながる成果指標として位置付けていた。実際に同社では、オンライン／オフラインの両方を利用する顧客の方が片側だけの顧客よりも、顧客当たりの平均売上高（ARUP）が高いことなど、売場におけるオンライン接客の有用性を、上述したようなKPIを設定することで確認している。そして、これらの成果を社内に開示し、改めて「店舗スタッフ」へ「STAFF START」を用いたタッチポイントの醸成が有効であることを示すことで、店舗スタッフを基点とする新たな成長戦略（DX）を遂行する。

3 ▸▸▸ IMCのマネジメント

デイトナ・インターナショナルの橋氏へのインタビューにあるように、「STAFF START」を活用し店舗スタッフは、（「STAFF START」の）「評価」機能や「YELL BONUS」機能でまず接客に対する動機づけが形成される。そしてその動機を背景に、「評価」機能や「バイヤー」機能で得られた情報を活用、さらに店頭を含め「タッチポイント」における顧客の反応を観察するという成功体験、つまりEXを通じて、彼/彼女らは自身にあったコーディネート提案スタイルを確立するようになる。

このように、「STAFF START」を介したEXとは、店舗スタッフのやる気の醸成とともに接客能力の可視化（進むべき方向性の可視化）を実現することで、彼/彼女らの成長を促すものである。そしてEXの繰り返しを通じて店舗スタッフがさらに成長することで、“タッチポイント”における“顧客体験（CX）”はおのずと高くなる。

もちろん、顧客は一様ではないため、消費者特性を考慮した、IMCの実践が求められる。なぜなら、年齢（世代）、ファッションの嗜好性（スタイル偏重の消費者の多さ）、買物行動の違い、求める顧客体験（情報探索に対して利便性の高い接客）、顧客ライフサイクルといった消費者特性により、顧客が求める“タッチポイント”や“ブランド・エンゲージメント”のあり方が異なるためである。

実際、デイトナ・インターナショナルの地方店の顧客は、店舗スタッフとのコミュニケーションの頻度を高めるにつれ、リテールブランドへのエンゲージメント以上に店舗スタッフに対するエンゲージメントを高める傾向にあるという。

デイトナ・インターナショナルの事例も含め、改めてこれまでの議論を総括すると、（顧客）収益性を獲得するうえで企業が実施すべきIMCとは、「消費者特性を考慮し、“タッチポイント”において『顧客体験（CX）』を提供することで、“ブランド・エンゲージメント”の形成・促進する」、という一連のプロセスの実現を意味するものであると議論できる。そしてこの IMC の実践のために小売業に求められることとは、店舗スタッフに接客に関する EX を可視化し、彼らが自身の接客を客観視する機会、また EX を企業が評価することによる接客に対するモチベーションの強化なども併せた、店舗スタッフの経験学習を促す EX 基点のマネジメントである。

5 IMC を可能にする EX 基点のマネジメントとは

EX 基点のオムニチャネル IMC を実践するためのマネジメントにおいて、最も重要なことが従業員エンゲージメント（Employee Engagement：以下 EE）の醸成である。サービス・マーケティングを中心に、EE に関しては様々な定義が存在するが、従業員満足（Employee Satisfaction）や従業員パフォーマンス（Employee Performance）を包含する概念として EE は定義されている[18]。

IMC の実践においては特に、従業員満足を充足し、従業員パフォーマンスが高めるような、EE を形成・促進するマネジメント、つまりインターナル・マーケティングを実施することが求められる。そこでは、従業員に意思決定を権限委譲するエンパワーメントが重要な要素となる。

本章で紹介したデイトナ・インターナショナルでは、オンライン接客に対するマニュアルを含めた取り決めはあるものの、基本的には店舗スタッフの裁量で情報発信できるという。そしてこの店舗スタッフへのエンパワーメントのマネジメント体制の確立を前提とし、「STAFF START」のような従業員の経験学習を促す仕組みが機能している。その際、自らの接客がどの程度顧客に対し

18　本章では、Kumar and Pansari（2016）の従業員エンゲージメントの定義を想定し、IMC のマネジメントについて議論している。Kumar and Pansari（2016）は、EE を「組織に対する従業員の、多様な異なる態度や行動から構成される、多次元的な構成要素」と定義し、従業員満足（Employee Satisfaction）、従業員アイデンティフィケーション（Employee Identification）、従業員コミットメント（Employee Commitment）、従業員ロイヤリティ（Employee Loyalty）、従業員パフォーマンス（Employee Performance）から形成される概念として議論している。

て有効であるのかを客観視でき、さらに経験学習した成果が評価されるよう、ツールだけでなく評価制度自体も整備することで、顧客にとって有益なIMCが実現される。

昨今のわが国の就労人口の低下も鑑みても、EX基点のマネジメントは、小売店のみならず多くの企業にとってもより重要となっている。小売業にとって喫緊の課題である。働き手の確保という課題も含め、EX基点のIMCの実践は、今後さらに重要視すべき戦略となるといえよう。

第VIII章 オムニチャネル化における阻害要因の克服
――株式会社レリアン

1 はじめに

オムニチャネル化の推進は、多くの企業が取り組んでいるが、推進には、既存組織の変更を伴うため、実際に遂行しようとすると、簡単には進まない。アパレル小売企業の多くは、既存の店舗にデジタルのチャネルを加えていく組織変革を行うが、この組織変革には様々な阻害要因が発生する。この章で取り上げる株式会社レリアンは設立1968年、50年を超える歴史を持つ婦人服アパレル小売の老舗である。

株式会社レリアンを取り上げるのは、第1に、百貨店に店舗を持つ典型的な百貨店アパレルで、アパレル小売企業が直面しているオムニチャネル化の課題に対して正面から取り組んできた点である。第2に、老舗ならではの強固な組織形態は長年培ったノウハウで幾度の困難を超えてきたが、変革を行うには逆に、この強固な組織が変革の大きな阻害要因となっていた点である。そのため、レリアンは、EC、その先のオムニチャネル化から一番遠い存在であると業界内ではいわれてきた。

この章では、次のようなリサーチ・クエスチョンを設定し、老舗レディースアパレル「レリアン」が、オムニチャネル化における阻害要因に対してどのように対応をしてきたかを考察する。ここでは組織変革における阻害要因を、「組織内での諸制度を構築・修正、組織構造を変動させる際に、その変化に対してマイナスの影響を及ぼす事象」ととらえる。

・レリアンはアパレル小売企業として、オムニチャネルをどのようにとらえ、どのような阻害要因を克服してきたか。
・レリアンのオムニチャネル化を推進する組織はどのようなものか。
・その推進プロセスにおいてレリアンはどのような買い物体験を顧客に提供しているのか。

顧客と接する店舗を組織の頂点として、全社が店舗のバックアップをする組織は数々の危機を乗り越えてきた歴史がある。婦人服アパレルの老舗であるレリアンのオムニチャネル化が、組織課題についての解決の糸口を与えてくれる。その成功要因を見ていきたい。

2 オムニチャネル化のプロセス

1 ･･･ レリアンの概要

会社名：株式会社レリアン
設立：1968年４月
資本金１億円
売上高262億円　2023年３月期連結
従業員数1,019名　2023年３月期連結
事業内容アパレル事業：婦人既製服の小売
事業所
本社：東京都目黒区青葉台３-６-28
商品ステーション：東京都大田区仲池上１-31-５
アパレル事業店舗：333店舗
台湾店舗：５店舗

中国店舗：５店舗

子会社

蕾儷昂股份有限公司（台湾・台北）

蕾俪昂（上海）商贸有限公司（中国・上海）

顧客

主な顧客層：40～70代の女性

店舗会員数：40万人（うち、レリアンメンバーズ会員数：29万人）

株式会社レリアンは創業50年を超える老舗高級婦人服アパレルである。顧客は皇室をはじめ、富裕層を中心に、世帯年収は2000万円以上である。顧客のほとんどは、リピーターでレリアンへのロイヤリティが高い。アパレル以外にも旅・食・美容・健康等に興味あり、「Quality of Life」の充実を追求する客層で、主な販路は全国有名百貨店である。レリアンは、百貨店の中でも常にトップクラスの売上を保っていることから、どの百貨店の婦人服売り場の中でも、一番いい場所に店舗は置かれている。ロイヤリティの高い顧客は安心していつもの百貨店のレリアンの店舗で、販売スタッフに直接会って服の相談をするのが習わしであった。そのため、閑散とした百貨店の中でもレリアンの店舗だけは活気に溢れていた。顧客は直接会って購入するため、レリアンは、ECのような百貨店以外での販売には消極的であった。

2 ▸▸▸ EC 事業開始

レリアンが、EC 事業を開始したのは、コロナ直前の2017年であった。強い絆で結ばれた百貨店での販売額も年々減少、その打開策として他社の事例に倣って、EC 事業を開始した。2017年の EC 事業開始は同業他社の状況からみても決して早い進出ではなかった。

3 ▸▸▸ レリアンのデジタル環境

レリアンの販売スタッフの平均年齢は45歳、顧客は40～70代が中心である。販売スタッフも顧客も家庭ではデジタル関連は家族に任せ、自身はデジタルとは無縁の世界に住んでいる人々がほとんどである。そのため、インスタ、リモート、ZOOMといった単語も外国語のように意味が分からない状況であった。その上、実店舗における顧客との接点は、ロイヤリティの強さが他のチャネルを寄せ付けないほど強固なもので、ECのチャネルはなかなか使われなかった。そのため、レリアンではECは必要ないのではと言われていたため、その先のオムニチャネル化はなかなか進まなかった。

4 ▸▸▸ 戦略的組織の設置

既存の組織の中では、新しい改革がなかなか進まないため、レリアンでは、まず、オムニチャネル化を推進するイノベーション組織である新規事業プロジェクトチームを設置する。しかし、オムニチャネル化どころかECすらなかなか進まなかった。そこでレリアンは、この部署のリーダーとして外部デジタル人材の大角豪氏を2018年採用した。大角氏はECに関しては20年近くのキャリアを持ち、アパレルECにおける成功体験も豊富であった。そのため、具体的にこれをやりたいと明確にゴールを示すので、経営陣も理解がしやすく、順調にプロジェクトは進んでいった。経営陣の理解は、大角氏の困っていることも同時に理解することができたため、バックアップがしやすく、現場で指揮を執る大角氏と経営陣が一体となってオムニチャネル化を進めることができた。また、外部の人間であるため、経営陣の並々ならぬサポートもあり、既存の組織的な柵からプロジェクトをストップさせることなく進めることができた。

自社の改革がどの程度進んでいるか、客観的に評価することは難しい。レリアンでは改革の進捗を顧客とのコミュニケーションで確認をした。顧客とのコミュニケーション手段は、主に2つである。1つはECで購入された1週間後に、その商品はどうだったか、期待通りのものだったか、ECサイトの改善点はないかといった顧客に対してのアンケート調査の実施である。もうひとつは、毎年11月に行われるメンバース会員29万人を対象としたアンケート調査である。もともと顧客のレリアンに対するロイヤリティが高いため、アンケートは率直なコメントが多かった。レリアンをよくしたいという思いから、“ここが不便だからここを直して欲しい”といった具体的な意見が多く寄せられた。中には“ECで買っていることは店舗のAさんには内緒にしといて”とか“私のECの購入実績は○○店のBさんの成績にしてあげて”といった販売スタッフが聞いたら涙するようなコメントもあり、販売スタッフと顧客のつながりの強さが読み取れる。これらのアンケート調査から自社のビジネスがどう映っているか、またどのように改善してほしいのかを率直に読み取り、一つ一つに対応していった。

アンケートの中からネットでの購入の煩雑さが指摘された。ほかのECサイトなら当たり前のように行われている購買行動がレリアンの顧客には不慣れなものであった。そのため、通常のネット画面では購買に至らないケースが多かった。そこで、ネット販売の画面に顧客サポートのコンシェルジェサービスを付けた。コンシェルジュサービスとはECの画面を顧客とレリアンのコンシェルジェが一緒に見ることによって、ネットでの購入の基本動作を電話と画面で説明するものである。具体的には、ネット画面に画面共有のボタンを設置し、そこに、固有の暗証番号をお電話でお伝えし、入力できるようにした。これにより、顧客は電話でレリアンのいつもの販売スタッフと同じ画面を見ながらこのブラウスに合うスカートはないのかといった悩みを、あたかも店舗にいるかのような受け答えで、快適なネット体験をすることができるようになった。このサービスはコロナ禍でさらに発展した。常連客の中には、電話がつながると第一声が“Aさんお願い”とコンシェルジュを指名する人も増えてきたという。一見アナログなサービスではあるが、電話とネット画面を駆使した、オムニチャネル化の新たなサービスとして、ECと店舗の橋渡しをする存在となっている。

5 ›››ライブコマースからスター誕生

アンケートの中には、“きれいなモデルさんの写真ばかりで私に似合うかわからない。”といった声が多く寄せられていた。アパレルでは、モデルを使ってブランドイメージを強化するのが常道である。わざわざモデルに合わせて商品を修正して撮影しているメーカーもある。そんな中で、一般人が服を着てブランドイメージが崩れないかといった議論はあったが、大角氏は、この顧客の指摘に対応すべく、店舗の販売スタッフがモデルとなって写真を掲載するサービスである“スタッフスタイリング”を導入した。通常の販売業務のほかに、写真を掲載したり、インスタグラムにコメントしたりすることは慣れない作業でもあり、店頭での販売業務に大きく影響した。そのため、なかなか店舗の協力を得られなかった。

大角氏は、店舗の組織が強固なことに着目して、店舗間での売上競争を演出した。スタッフスタイリングを使った社内コンペを行ったのである。レリアンの店舗は売上に対する責任感はずば抜けて高い。販売スタッフがスタイリングした写真を掲載したものはコーディネートやモデルの親近感から注目され、売上も上がった。大角氏はこの現象を広げるべく、社内コンペでどこの店舗がスタッフスタイリングによって売り上げを上げたかを表彰した。店舗の名誉と売上実績の向上は各店舗に火をつけた。店舗のほうからやり方がわからないので教えてほしいといった声に応え、研修会を行った。その講師は、店舗からECの部署に異動したスタッフが交代で行うため、説明も店舗目線での説明が好評となった。研修会➡コンペ➡売上増、研修会➡コンペ➡売上増のサイクルは店舗の販売スタッフをやる気にさせると同時に店舗からEC部署に移ったスタッフもやりがいを感じてモチベーションは全社で高まっていった。大角氏はこのモチベーションをさらに高めるべく、次のコンペを開き報奨金を出して鼓舞した。この地道な繰り返しでスタッフスタイリングは定着していった。

スタッフスタイリングが定着すると次はライブコマースを始めた。この2018年でのライブコマースの導入は、ミセスを中心とした老舗高級婦人服業界では最先端に位置していた。スタッフスタイリングを開始すると顧客に対し、影響力を与えるスター店舗スタッフが誕生した。ある店舗スタッフのコメントによると、わざわざ遠方からスタッフスタイリングで影響力のあるスター店舗スタッフのところに商品を買いに来る顧客が現れたそうである。早速、この成功事例に大角氏は反応した。ライブコマース開始と同時にこのスター店舗スタッフに本社の新設した部署に異動してもらい、ライブコマースでのキャスターを依頼した。これが奏功した。キャスターの丁寧な説明は、「あの人から買いたい。一度店舗で会ってお話がしたい」といった声が重なり、多くのファンを生んだ。当該キャスターが地方店舗のイベントに出演すると、「このイベントは素晴らしい」と大きな反響を呼んだ。この好循環がさらにライブコマースを全社に知らしめることとなった。地方でのイベント開催は売り上げに大きく貢献し、思わぬところからスターが生まれたのであった。

6 ‣‣‣スタッフスタイリングの効果

スタッフスタイリングは、スターを産んだ効果のほかに、3つの効果が表れた。1つ目は、自社の商品を改めて見直す機会を作ったことである。レリアンの販売スタッフは店舗では制服を着用している。そのため、自社の商品に袖を通す機会はあまりなかった。しかし、スタッフスタイリングで堂々と自社の商品に袖を通すことが許されたため、改めてレリアンの商品の良さの認識につながった。また、2つ目は、自分が着てコーディネートを考えるため、どの商品とどの商品の組み合わせがいいのかを自分で試したり、販売スタッフ同士で意見交換をしたりすることによってコーディネート力が上がった。3つ目は、顧客から“あなたのコーディネートECで見たわよ”と声をかけられるようになったことである。身近な販売スタッフが登場するとあって今まであまりデジタルに縁のなかった顧客も店舗スタッフを応援するようになった。これらの事象は、店舗スタッフが自社の商品を改めて見直す機会を作ったのと同時に、自分たちが試みとしてやったことが認められ、自信をもってこれをやっていけばいいのだと思わせた。自信をもった商品提案は、実売へ直結した。これらの効果は、不安な状態で進めていた販売の現場に勇気を持たせ、変革の推進力に拍車がかかった。

3 学び

本章では、上記より、以下の3つのリサーチ・クエスチョンを設定した。

・レリアンはアパレル小売企業として、オムニチャネルをどのようにとらえ、どのような阻害要因を克服してきたか。
・レリアンのオムニチャネル化を推進する組織はどのようなものか。
・その推進プロセスにおいてレリアンはどのような買い物体験を顧客に提供しているのか。

最後に、これらリサーチ・クエスチョンを踏まえ、レリアンの事例研究からの学びをまとめる。

1 ▸▸▸ レリアンにとってオムニチャネルとは

レリアンは、オムニチャネルを“店舗をバックアップする仕組み”ととらえた。オムニチャネルを推進する中でも、自社の強みである店舗スタッフを前面に打ち出し、全社で店舗をバックアップする体制でオムニチャネルを推進した。そのため、EC事業部は、あくまで店舗をサポートしていった。そのため、顧客名簿はすべて店舗にひも付き、ライブコマースやスタッフスタイリングを通じて顧客とのコミュニケーションを行っている。特にデジタル化の流れをサポートするのは、店舗スタッフ出身者が店舗の状況を考えて、サポートしていくため、受け手側の店舗スタッフも共通の課題を認識して全社で取り組む体制は老舗の伝統を活かしている。

2 ▸▸▸ 組織に起因する阻害要因の克服

組織を改革する際に既存の組織が強固であればあるほど、組織は細部に至るまで最適化され組織は強固に維持されている。人々のものの見方・考え方を根本的に規定している概念的枠組みであるパラダイムが、強ければ強いほど、旧来の慣例に縛られ、組織がなかなか変えられない。特に収益構造は企業活動の根幹をなすため、収益を上げる構造を変えることは同じ企業内でも組織間の調整は難しい。加護野（1988）は、物理的慣性の法則を引用して、組織変革の抵抗要因をパラダイム変更の視点から３つ挙げ、①過去の成功体験が大きさ、②成功期間が長さ、③企業の同質性、それぞれが長大であればあるほど、変更が難しいという。

3 ‣‣‣ オムニチャネル化における分化と統合

組織を改革する際に既存の組織が強固であればあるほど、組織は細部に至るまで最適化され組織は強固に維持されている。この抵抗への対策として有効なのが、Lawrence & Lorsch（1967）の、「分化」と「統合」理論である。複雑に変化する組織環境への対応は「分化」（differentiation）によって対象範囲を限定し、局地的な課題に対処を進めていくことによって成功体験を積み重ねていく。そして、その組織の課題が全社的にも対処していく必要性のコンセンサスを作り上げていくのが、統合（integration）である。レリアンでは、この強固な組織における意思決定を迅速化する仕組みとして戦略的組織としてプロジェクトチームという別組織を作った。これは、既存の組織とは別の組織であることを明確にすることで、集団的意思決定の問題に左右されることなく、オムニチャネル化に関する意思決定を迅速化し、課題に対応することができた。

一方、オムニチャネル化における統合は、分化された組織が全社的な存在として位置づけられることをいう。統合の方法は、①公式の統合担当者を置く、②公式組織の構造が持つ調整能力を高めること、③スラック資源を持って不確実性がもたらすショックを和らげることの３つある（桑田・田尾 1988）。レリアンでは、統合担当者は大角氏である。レリアンがライブコマース事業部を立ち上げる時に、大角氏はEC事業部長とライブコマース事業を支援していた。その後、ライブコマース事業部長を兼務した。これにより、資源の配分など状況を見ながら２つの事業部に本部長として売上が最大になるよう組織間の調整を行っていった。スラッグ資源は、ECの進捗が華々しいので、当初、持っていたEC在庫のほかに店舗とECで使っていける共通の在庫を持つことで、売上の不確定さを補い、ECの伸び代を確保している。また、ライブコマース事業部の展開では、在庫負担が少なくなるように、予約販売や他社とのコラボ商品などで商品の幅を広げて消費者が選びやすいようにしている。このように資源配分も枠組みで縛ることなく、EC、ライブコマースと在庫を共有することで、在庫がなくなることで、売上が止まることがないようにしている。

4 ▸▸▸ 組織間利害調整

アパレル小売企業のオムニチャネルの具体的な例では、ITインフラストラクチャー能力を高めるため、多くのケースが、EC事業の展開を既存事業に加える過程で行われる。そのため、どうしてもEC事業の立場が弱いケースがある。EC開始時点では、EC事業と既存事業である店舗は別々の動きをしていても問題はなかった。しかし、消費者行動がECと店舗をシームレスに推移するオムニチャネル購買行動が行われると、それぞれが連携して対応する必要がある。

これに対応するには企業側も、既存の店舗とECを統合することが要求されるが、そのため、店舗で確認してからECで購入する“ショールーミング”について店舗とECの組織間の調整が必要となる。“ショールーミング”によって店舗側では、せっかく長時間接客したのに売上にならず、一番大事な売上をECにとられることから自社ECであっても“ECは敵だ”という意識がまだまだ残っている企業もあり、組織間の調整が難しいケースが見られる。この意識は、売上をECに取られてしまうという観点から、ECの売上になることには抵抗感があり、店舗にある在庫がなかなかECに送られない。この抵抗感は、売れ筋の商品になればなおさらである。そのため、店舗とECの組織間の調整で大きな課題となる。多店舗を展開する小売組織は、本部と店舗部門で構成されるマルチチャネル組織であり、メーカーに比べて組織構造が複雑になっている（Chang & Harrington 2000）。アパレル小売のように、店舗を展開する小売企業がオムニチャネルを進める場合には、EC部隊を新たに開設することが必要になる。そのため、オムニチャネルによって、組織構造が複雑になり、部門間のコミュニケーションが難しくなる。組織間インターフェースは複雑な小売組織がさらに複雑になることでシームレスな情報共有が難しくなるため、この組織間のインターフェースの整備が必要である（近藤・中見 2019）。アパレル小売企業のオムニチャネルは、多くのケースが、EC 事業の展開を既存事業に加える過程で行われる。EC 開始時点では、EC 事業と既存事業である店舗は別々の動きをしていても問題はなかった。しかし、消費者行動がネットとリアル店舗をシームレスに推移するオムニチャネル消費行動が行われると、それぞれが連携して対処する必要がある。この組織間の調整が実務では簡単には解決しない問題である。

レリアンはこの問題に対して店舗を軸に考えている。店舗と顧客のつながりが、レリアンの強みである。EC は店舗をサポートするツールとなることが、レリアンの目指すところである。この象徴的な動きがライブコマースである。ライブコマースは、デジタル関連の新たな課題を日々の業務から拾い上げてゆく課題の探索からレリアンでは採用された。レリアンでは、ライブコマースは店舗と EC をつなぐオムニチャネルのツールとして独自の発展をした。ライブコマースによって、店舗スタッフにスポットライトを当てていくことで、オムニチャネルの旗印とした。店舗は、ライブコマースの当番が回ってくると顧客に連絡し、自分の出演時間を告知する。また、ライブコマースが終了しても動画は、保存され、顧客は店舗への来店の際に動画を見て商品をみてから店舗に来店する流れが出来上がっている。このように、ライブコマース、その前後で顧客と繋がるコミュニケーションのツールとしてレリアンではライブコマースが定着した。この店舗を起点に顧客と繋がる流れは、アパレル小売企業におけるオムニチャネル化の１つの方向性を示している。

4 オムニチャネル化推進プロセス

オムニチャネル化を推進するにあたり、①イノベーション組織、②外部人材の登用、③顧客に寄り添った買い物体験を挙げた。レリアンの事例からこれらがどのように推進されたかを検証していく。

1 ▶▶▶イノベーション組織

新たな販売チャネルを増やすことは、既存チャネルとの調整など組織間の調整が必要である。情報の分権化は現場での迅速な意思決定ができ、組織メンバーに参画意識が芽生えモチベーションの向上には向いている反面、意思決定の調整が難しい（遠山・村田・岸 2016）。

そこで、レリアンでは、EC での販売チャネルという新たなチャネルを増やすにあたって、既存事業から切り離して新規事業プロジェクトチームを設立した。プロジェクトチームは、試行錯誤を繰り返しながら、目の前の課題に対して対処していく。店舗との在庫連携や顧客情報の一元化など、課題をこなすうちに新規事業担当者は２人、３人と増えていった。チームは程なくして予算を持つようになり、EC 事業部となった。会社としては早い段階での事業部化であったが、事業部の設置は社内にオムニチャネル化の進捗が進んでいることを明示する効果もあった。事業部の設置と同時に外部から EC 事業部長を採用することで意思決定の調整の難しさを全面的に事業部長に権限の委譲を行うことで迅速な対応を目指した。

2 ▶▶▶外部人材の登用

特に EC 部隊を新たに開設するには既存事業部の経営資源では対応できず、IT 人材の育成、もしくは外部から調達する必要がある。IT 人材の育成には時間がかかるため、外部の人員を雇い組織の活性化を図る場合には、外部人材を登用することが有効である。しかし、外部人材が新しい組織の中で十分にリーダーシップが発揮できない、もしくは、効果的でない場合、組織変革は困難になることがある。多くのケースが外部人材のその変革に対するビジョンが全社に明確に伝わらなかった場合、変革の方向が不明確になり、従業員の混乱や不満が生じることがある。また、外部人材が権威主義的な態度で一方的に変革を押し付け、従業員の意見を無視すると、反発や抵抗が生じる場合がある。レリアンでは、外部からオムニチャネル化に詳しい人材を登用することで、これまでのレリアンにはない改革を進めていく決断をした。外部から来たアパレルEC変革の経験豊富なリーダーは、これまでの組織の柵や風習などにとらわれることなく、改革を進めていけるので、組織間のこれまでのいきさつなど、いろいろなことを考えることなく改革が進めることができるメリットがある。しかし、組織経験が浅い故に、時として組織から理解を得られず、孤立し組織を離れるものも多い。レリアンの場合は、経営陣がこの外部人材とコミュニケーションを密にとり、方向性を確認することで徹底的にバックアップしたところである。会社に定着するかしないかは、経営陣が、外部人材が自身の能力をいかんなく発揮できる環境を整えることである。外部人材の意見をよく聞き、これを全社マターとして経営陣が発信してきたことが外部人材の受け入れ態勢で重要な要素である。

3 ▸▸▸ 顧客に寄り添った買い物体験を守る

集団内での意思決定が効果的でない場合、変革は遅延したり失敗したりすることがある。特に新設の小規模な組織の問題を全体で討議する場合、新設部署の状況をよく把握しないまま、既存の組織の価値基準で判断されると改革はうまく進まない。また、意思決定プロセスでステークホルダー全員の意見を十分に考慮せず、合意形成が不足したまま進めていくと、不満や抵抗が生じることがある。また、意思決定がタイムリーに行われないと、変革の進行が停滞し、組織の競争力を損なう可能性がある。これらの問題は互いに影響し合い、複雑な組織内の状況をさらに困難にすることがあるため、注意深く取り組む必要がある。

複雑な組織間のインターフェースは、コミュニケーションが不十分または不適切な場合、組織間の情報伝達ばかりでなく、組織変革の障害となる。変革の際には細かな情報がそれぞれの立場によっては、大きな問題となる。重要な変革に関する情報が隠されたり、遅れたりすると、不信や不安が生じ、変革への抵抗が高まることがある。また、あるグループにだけ情報が行き渡り、他のグループが取り残されるといったコミュニケーションの不均等な状態が発生すると、分断や対立が生じる場合がある。

Schein（1980）によると、変化への必要性の認識不足と変化への根強い抵抗から、変革はうまく行かないという。経営者や企画責任者は、変化の必要性を伝え命令しさえすれば、望んでいる通りになると単純に考えやすいが、現実には変化への抵抗は普遍的な組織現象である。人は変化に対して反応する。しかし、人はどのような変化にでも抵抗するのではない。変化が好意的・意識的に受け入れられる場合は抵抗が少なく、その逆となる場合は抵抗が大きい。変化に対する人間の抵抗の程度は、その変化の種類、およびそれがどの程度人に理解されているかによって異なる。

人が変革に対する抵抗要因の発生メカニズムに対してBurke（1982）は、2つの発生要因を挙げている。ひとつは、人が損失を被る可能性があるとき、もうひとつは、人が強制されることを認識するときに阻害要因が発生するという。レリアンの事例では、損失を被る可能性は、オムニチャネル化によって自分たちが働く作業量が増えるのではないかという事象である。唯でさえ忙しい店舗業務に不慣れなネット対応はやったことが無いだけに不安はひとしおである。これに対してレリアンでは、オムニチャネル化の作業をすることで自分たちにとって自社の商品をよく知ることができ、それが商品提案力をつけ、顧客からも声をかけてもらえる効果があることを認識した。このため、損失を被る不安をなくしたのである。また、強制されることへの抵抗感については、自身が改革の一端を担っているという参加者意識を熟成してきたことである。研修会➡コンペ➡売上増のサイクルを回すことで、業績向上を目指して店舗の自発的な改革を促すことにつながった。これは、業績向上という成功体験を当事者として担うことで、自身がオムニチャネル化を推進しているという実感が持てたところにある。また、アンケート調査によって顧客とのコミュニケーションがなされた。ECでの購買ごとにアンケートを行うことでその時の消費体験から顧客はレリアンに気付いたことを発信する。これをレリアンEC事業部はしっかりと受けとめ、その都度改善していった。この対応が顧客に信頼感を与えますますレリアンのファンになっていく。自社の事業の進捗を顧客に確認していくことで、独りよがりの判断にならない体制を作っている。顧客にとって、レリアンがどのように映っているかという軸を設定することが、客観的な判断基準となる。その上、顧客の意見ということであれば、強固に固まった組織も聞く耳を持って対応していった。

以上からアパレル小売企業のオムニチャネル化の阻害要因とその解決策をレリアンの事例から検証した。なぜ改革を進めるための解はここにあるかもしれない。

謝辞

この章の執筆にあたっては、レリアンのEC事業を牽引してきた、大角豪氏（株式会社レリアン執行役員）には、お忙しい中、定期的に状況を教えていただくとともに、本章の草稿にコメントをいただきました。ここに感謝の意を表します。なお、本章の内容につきましては、すべて筆者の責任による。

参考文献

まえがき

経済産業省（2020）、『「DX 推進指標」とそのガイダンス』。（https://www.jimga.or.jp/files/news/jimga/200909_meti_guidance.pdf）

近藤公彦・中見真也編（2019）、『オムニチャネルと顧客戦略の現在』千倉書房。

Lin, Y. and Shan, J. (2023), *Digital vortex 2023 : Taiwan vs. global trends*, Marketing Intelligence, & Consulting Institute and Global Center for Digital Business Transformation, International Management Development.（https://www.imd.org/research-knowledge/digital/reports/digital-vortex-2023-report/）

第Ⅰ章

Ameen, N., Tarhini, A., Shah, M. H., & Nusair, K. (2021). A cross cultural study of gender differences in omnichannel retailing contexts. *Journal of Retailing and Consumer Services, 58*, 102265.

BiND CAMP（2020）、「パルコの DX 戦略に見るリアル店舗に求められるデジタル化」、2020年 4 月 2 日。（https://bindup.jp/camp/marketing/26424）

ビジネス + IT（2018）、「林直孝氏に聞く“パルコ流”デジタル戦略—『思わぬ出会い』波動生み出す？」、2018年11月12日。（https://www.sbbit.jp/article/sp/35562#continue_reading）

ビジネス +IT（2020）、「パルコ流『アフターデジタル』時代の戦略　新・渋谷 PARCO の OMO は何がスゴイか」2020年 2 月10日。（https://www.sbbit.jp/article/cont 1 /37526）

Frishammar, J., Cenamor, J., Cavalli-Björkman, H., Hernell, E., & Carlsson, J. (2018). Digital strategies for two-sided markets : A case study of shopping malls. *Decision Support Systems, 108*, 34-44.

林 直孝（2017）、「顧客との接点を拡張、可視化。Web 接客の可能性に迫るパルコのデジタルマーケティング」、『SC JAPAN TODAY』2017年 4 月号、20-22ページ。

林 直孝（2019）、「デジタルの力でリアルでの体験を最大化する『渋谷 PARCO』—次世代の商業施設のかたちとは」、GENBA、2019年12月17日。（https://gemba-pi.jp/post-204109）

林 直孝（2020）、「データ活用の取り組みに『失敗』はない　パルコの執行役員、林直孝氏に聞く、「データドリブンなサービス開発」の舞台裏」、データの時間、2020年 7 月 1 日。（https://data.wingarc.com/parco-hayashi-26909）

Hsia, T. L., Wu, J. H., Xu, X., Li, Q., Peng, L., & Robinson, S. (2020). Omnichannel retailing : The role of situational involvement in facilitating consumer experiences. *Information & Management, 57*(8), 103390.

石川ふみ（2020）、「事例研究　パルコ　顧客は出店企業だけではない！『消費者』の LTV を重視した CRM 施策」『月刊コールセンタージャパン』2022年 3 月号、48-50ページ。

株式会社 J. フロント リテイリング（2020）、『統合報告書 2020』。

株式会社パルコ（2021）、『Parco Corporate Profile 2021』。（https://www.parco.co.jp/assets/pdf/about/brochure/profile2021_a 4 _03.pdf）

川添隆（2018）、『「実店舗 + EC」戦略、成功の法則』翔泳社。

近藤公彦・中見真也編（2019）、『オムニチャネルと顧客戦略の現在』千倉書房。
Markezin（2021）、「店舗は“売る”から体験提供、“個客理解”の場へ　PARCO が取り組む OMO とは」、2021年 3 月22日。（https://markezine.jp/article/detail/35662）
PLAZMA（2021）、「パルコの顧客起点マーケティングに見る、ワクワクする買い物体験のつくり方」7 月26日。（https://plazma.red/plazmaomo-casestudy-parco/）
PRITIMES（2019）、「パルコがデジタルで描く商業施設の未来！渋谷 PARCO で取りむデジタル施策　唯一無二の次世代型商業施設　渋谷 PARCO 11月22日（金）グランドオープン！」、2019年11月 1 日。
（https://prtimes.jp/main/html/rd/p/000001135.000003639.html）
SC JAPAN TODAY（2020）、「座談会　デジタルトランスフォーメーション委員会の意義と役割、SC が取り組むべき DX の方向性とは」『SC JAPAN TODAY』11月号、12-15ページ。
Shi, S., Wang, Y., Chen, X., & Zhang, Q. (2020). Conceptualization of omnichannel customer experience and its impact on shopping intention : A mixed-method approach. *International Journal of Information Management, 50*, 325-336.
24hour IT People（2016）、「PARCO さん、スマホアプリって 本当に効果がありますか？」、2016年10月26日。（http://24houcritpeople.com/app-051/）

第Ⅱ章

Blackburn, S., Bughin, J., & Laberge, L. (2020). How to Restart Your Stalled Digital Transformation. *Mckinsey Digital*.
Cohen, W. M., & Levinthal, D. A. (1990). Absorptive Capacity : A New Perspective on Learning and Innovation. *Administrative Science Quarterly, 35*（1）, 128-152.
独立行政法人情報処理推進機構（2023）、「DX 白書2023」、独立行政法人情報処理推進機構、2023年 3 月16日。（https://www.ipa.go.jp/publish/wp-dx/dx-2023.html）
池照直樹（2021）、「カインズ“デジタル化”の仕掛人･池照直樹が語る「ホームセンターの未来像」」、カインズ、2021年 1 月18日。（https://magazine.cainz.com/article/28204?page=3）
池照直樹（2023）、「カインズ社の取り組みに関するインタビュー」、池照直樹、2023年 3 月13日。
カインズ（2021）、「日経コンピュータ主催「IT Japan Award 2021」グランプリ受賞」、カインズ、2021年 6 月 8 日。（https://www.cainz.co.jp/news/4045/）
カインズ（2021）、「カインズが2021年度ポーター賞を受賞～お客様一人ひとりの自分らしい暮らしをサポートする独自の戦略を評価～」、カインズ、2021年10月26日。（https://www.cainz.co.jp/news/3869/）
Kane, G. C. (2015). How digital transformation is making health care safer, faster and cheaper. *MIT Sloan Management Review, 57*（1）.
野間幹晴（2021）、「ポーター賞2021競争力カンファレンス　受賞企業の財務分析」、一橋ビジネススクール国際企業戦略専攻、2021年12月 4 日。（https://www.youtube.com/watch?v=mnJPZwgoD8E）
水野圭基（2021）、「【カインズアプリ開発の裏側】導入までわずか 4 カ月！カインズ店員が使う〝あの端末〟のヒミツ」、となりのカインズさん、2021年 5 月 6 日。（https://magazine.cainz.com/article/36337）
鈴木慶太（2022）、「ベイシアグループが DX に本気になった「新幹線事件」、カインズの土屋会長が初公開」、日経クロステック、2022年10月18日。（https://xtech.nikkei.com/atcl/nxt/column/

18/02218/101700015/)
鈴木慶太（2023)、「日本のIT人材は５年で20万人増もIT企業の「囲い込み」は不変、IPA調査」、日経クロステック、2023年３月16日。(https://xtech.nikkei.com/atcl/nxt/news/18/14852/)
となりのカインズさん（n. d.)、「最高のブランドストーリーは、カインズの編集チームと共に。」、カインズ、(n. d.)。(https://magazine.cainz.com/advertising/)
土屋裕雅（2022)、「エンジニア1000人いてもいい　「IT小売業」目指し強みを際立たせる」、日経クロステック、2022年１月20日。(https://xtech.nikkei.com/atcl/nxt/mag/nc/18/020600001/011100101/)

第Ⅲ章

ダイヤモンド・チェーン・ストアオンライン（2023)、「健康データを掛け合わせ潜在顧客のニーズを引き出す」、2023年２月17日(https://diamond-rm.net/technology/digitalmarketing/343673/)。
川端庸子（2007)、「グローバル小売業におけるIT活用の現状と課題　―リテールリンクとAgentricsを中心に―」『阪南論集　社会科学編』*42*（２)、39-54ページ。
近藤公彦（2010)、「POS情報開示によるチャネル・パートナーシップの構築―コープさっぽろのケース―」『流通研究』*12*（４)、３-16ページ。
近藤公彦・中見真也編著（2019)、『オムニチャネルと顧客戦略の現在』千倉書房。
Lemon, K. N. and Verhoef, P. C. (2016). Understanding Customer Experience Throughout the Customer. *Journey, Journal of Marketing, 80*（６), 69-96. doi：10.1509/jm.15.0420
中川宏道・守口剛（2012)、「日本の小売企業における協働MDの革新性　～サンキュードラッグ潜在需要発掘研究会の事例を通じて～〔株式会社サンキュードラッグ〕」『マーケティングジャーナル』*32*（２)、97-120ページ。

第Ⅳ章

クロスマーケティング（2013)、「B to CからB with Cへ顧客起点のマーケティング論　第１回お客様の時間を追う！顧客時間の重要性」、2013年12月６日。(https://www.cross-m.co.jp/column/insight/13/)
アイ・エム・プレス（2011)、「生活者とのコミュニケーションから店舗への送客まで幅広い範囲でのソーシャルメディア活用を実現」、2011年３月４日。(https://im-press.jp/contents/casestudy/casestudy201103-４/)
ITmedia NEWS（2012)、「「リアルもWebも変わらない」――ファン100万人の「無印良品」アカウントを１人で支える風間さん」、2012年７月２日。(https://www.itmedia.co.jp/news/articles/1207/02/news009.html)
株式会社良品計画（n. d.)、「ホームページ」。(https://www.ryohin-keikaku.jp/)
株式会社良品計画（n. d.)、「無印良品　くらしの良品研究所のウェブサイト」。(https://www.muji.net/lab/)
株式会社良品計画（2018)、『MUJIが生まれる「思考」と「言葉」』KADOKAWA。
近藤公彦・中見真也編（2019)、『オムニチャネルと顧客戦略の現在』千倉書房。
国友隆一（2009)、『無印良品が大切にしているたった一つの考え方』ぱる出版。
前野智純・株式会社エクストラコミュニケーションズ（2007)、『キラーウェブ：儲かるウェブの裏側』翔泳社。
松井忠三（2015)、『無印良品が、世界でも勝てる理由』KADOKAWA。

日本経済新聞（2013）、「良品計画、埼玉に物流拠点　ネット通販拡大」、1月25日。（https://www.nikkei.com/article/DGXNASDD250GR_V20C13A1TJ2000/）

日経デジタルマーケティング（2011）、「良品計画、ECと店舗の連携強化　店舗受け取りサービスも開始へ」、4月号、12-13ページ。

日経デザイン（2021）、「組織改革－無印の切り札「地域事業部制」、“草分け”のキーパーソンが語る真意」、11月号、37-39ページ。

日経情報ストラテジー（2006）、「良品計画　ネットストアが同社最大店に成長：在庫管理システムを刷新して品切れ防止」、6月号、153ページ。

日経コンピュータ（2000）、「「無印良品」のインターネット販売始まる：コミュニティを通じ、新商品やサービスを企画・提供」、10月9日号、89ページ。

日経XTECH（2007）、「開発・運用をアウトソーシングから自前主義に思い切って変えてみる」、11月26日。（https://xtech.nikkei.com/it/article/OPINION/20071119/287534/）

日経XTECH（2013）、「グローバルMDシステムを8月稼働、迅速に商品供給」、3月28日。（https://xtech.nikkei.com/it/article/JIREI/20130326/466242/）

日経XTECH（2016）、「マーケ主導でデータ分析システムやCDNを構築、良品計画が講演」、6月1日。（https://xtech.nikkei.com/it/atcl/news/16/060101593/）

日経XTECH（2021）、「良品計画やセブン＆アイも本腰、小売業でシステム開発の「内製」が活発化する訳」、8月17日。（https://xtech.nikkei.com/atcl/nxt/column/18/00001/05921/）

西川英彦（2015a）、「無印良品の経営学（第2回）無印良品の拡大」『一橋ビジネスレビュー』63（2）、132-149ページ。

西川英彦（2015b）、「無印良品の経営学（第3回）無印良品の再生」『一橋ビジネスレビュー』63（3）、104-118ページ。

西川英彦（2016）、「無印良品の経営学（第4回）無印良品の再考」『一橋ビジネスレビュー』63（4）、110-122ページ。

奥谷孝司（2018）、「無印良品のつながり」奥谷孝司・岩井琢磨『世界最先端のマーケティング：顧客とつながる企業のチャネルシフト戦略』日経BP、155-181ページ。

PR TIMES（2008）、「MUJI.netメンバー200万人達成！　～スペシャルクーポン進呈～」、12月25日。（https://prtimes.jp/main/html/rd/p/000000033.000000987.html）

TechTargetジャパン（2014）、「140万人が使うモバイルアプリで顧客の流れを把握　ネットもリアルも「無印良品」　消費者の心をつかむ良品計画のO2O施策とは」、5月1日。（https://techtarget.itmedia.co.jp/tt/news/1405/01/news03.html）

渡辺米英（2006）、『無印良品の「改革」』商業界。

WWDJAPAN（2017）、「「無印」ECサイトが大幅リニューアル、パーソナル化にも対応」、9月4日。（https://www.wwdjapan.com/articles/464689）

由井常彦編（1991）、『セゾンの歴史：変革のダイナミズム　下巻』リブロポート。

第Ⅴ章

Heg.氏（2023）、「（株）ビームス恵比寿店所属のHeg.氏に関するオムニチャネル接客についてのインタビュー」、「ビームス恵比寿」店長　尾田氏、Heg.氏、2023年5月12日

Heg氏の顧客4名（2023）、「（株）ビームス恵比寿店所属のHeg.氏に対するオムニチャネル接客についてのインタビュー」、2023年6月18日

逸見光次郎（2019a）、「オムニチャネルの現場をたずねる（第1回）ビームス（前編）「ECは店舗の敵」

をこう乗り越えた」『激流』 8 月号、100-102ページ。

逸見光次郎（2019b）、「オムニチャネルの現場をたずねる（第 2 回）ビームス（後編）ネットとリアルを共に支える自社物流の効能」『激流』 9 月号、136-138ページ。

逸見光次郎・中見真也（2022）、『小売 DX 大全』（共著）日経 BP。

川島蓉子（2004）、『ビームス戦略』PHP。

近藤公彦・中見真也・白鳥和生（2021）、「ネオリテール―ニューノーマル時代の新小売ビジネスモデル―」『季刊マーケティング・ジャーナル』第41巻第 1 号、16-28ページ。

近藤公彦・中見真也編（2019）、『オムニチャネルと顧客戦略の現在』（共著）千倉書房。

Kumar, V., and Pansari, A. (2016). Competitive Advantage through Engagement. *Journal of Marketing Research, 53*（ 4 ）, 497-514.

日経 MOOK（2023）、『店舗 DX2023』日本経済新聞出版社。

小野里寧晃（2023）、『リアル店舗を救うのは誰か』日経 BP。

POPEYE 特別編集（2006）、『BEAMS 1976-2006 TRIBUTE CATALOG』、マガジンハウス社。

佐藤尚之（2018）、『ファンベース』ちくま書房。

週刊文春（2019）、『週刊文春が迫る、BEAMS の世界』文芸春秋。

矢嶋正明（2023）、「ファッション業界 TOPICS」、神奈川大学経営学部「流通論」での講演録、2023年 1 月18日。

矢嶋正明（2023）「（株）ビームスのオムニチャネル戦略に関するインタビュー」、矢嶋正明、2023年 5 月 2 日

山口淳（2006）、『ビームスの奇跡』世界文化社。

第Ⅵ章

Chang, Y. P., & Li, J. (2022). Seamless experience in the context of omnichannel shopping：scale development and empirical validation. *Journal of Retailing and Consumer Services, 64,* 102800.

Chatterjee, P., & Kumar, A. (2017). Consumer willingness to pay across retail channels. *Journal of Retailing & Consumer Services, 34, 264-270.*doi：10.1016/j.jretconser.2016.01.008

Computer Weekly（2017）、「Lululemon turns to digital transformation to support consumer community」、2017年 1 月23日。（https://www.computerweekly.com/news/450411353/Lululemon-turns-to-digital-transformation-to-support-consumer-community）

FOCUS IT.（2018）、「売ろうとしないブランド・lululemon がシェアオフィスを選ぶ理由」、2018年 2 月15日。（https://www.houyhnhnm.jp/news/143446/）

Forbes JAPAN,（2021）、「スポーツウエアの lululemon、中古品販売を試験導入へ」、2021年 5 月 7 日。（https://forbesjapan.com/articles/detail/41225/page2）

lululemon athletica（2021）、『年間報告書2021年』、2021年。（https://corporate.lululemon.com/~/media/Files/L/Lululemon/investors/annual-reports/lululemon-athletica-inc-ar2021.pdf）

Lemon, K. N., & Verhoef, P. C. (2016). Understanding customer experience throughout the customer journey. *Journal of Marketing, 80*（ *6* ）*, 69-96.* doi：10.1509/jm.15.0420

lululemon athletica（2023）、ホームページ、2023年 3 月31日。（https://corporate.lululemon.com/about-us/our-purpose-and-values）

lululemon athletica（2023）、「Introducing lululemon Membership」、2023年 3 月31日。（https://shop.lululemon.com/membership）

Melero, I., Sese, F. J., & Verhoef, P. C. (2016). Recasting the customer experience in today's omni-channel environment. *Universia Business Review, 50, 18-37.* doi：10.3232/UBR. 2016. V13.N2.01

ModernRetail（2019）、「To quadruple its international business by 2023, Lululemon takes a local approach」、2019年9月9日。（https://www.modernretail.co/retailers/as-it-seeks-to-quadruple-its-international-business-by-2023-lululemon-takes-a-local-strategy/）

日経 MJ（2022）、「lululemon とミラーがサブスク拡大体験と物販でジム市場攻める（米国流通現場を追う）」、2022年10月14日。

日経クロストレンド（2022）「【インサイド】時価総額でH＆M超えの lululemon マーケの肝はファンベース」、2022年11月29日。

奥谷孝司 .（2021）.、「消費者視点からのオムニチャネル買物価値の理解に求められる視座」『マーケティングジャーナル』, 40（4）, 75-83.

奥谷孝司 .（2022）、「オムニチャネル・ショッパーによる知覚オムニチャネル統合度がモバイル・アプリケーション受容行動及び購買意図とブランド推奨に与える影響」『マーケティングジャーナル』, 41（4）, 93-105.

奥谷孝司・岩井琢磨（2022）、『マーケティングの新しい基本顧客とつながる時代の4P×エンゲージメント』日経 BP, 2022

Park, S., & Lee, D.（2017）. An empirical study on consumer online shopping channel choice behavior in omni-channel environment. *Telematics and Informatics, 34*（*8*）, 1398-1407.

PostFunnel（2020）、「How lululemon is Shaping Customer Relationships」、2020年10月16日。（「https://postfunnel.com/how-lululemon-is-shaping-customer-relationships/）

Rahman, S. M., Carlson, J., Gudergan, S. P., Wetzels, M., & Grewal, D.（2022）. Perceived omnichannel customer experience（OCX）：Concept, measurement, and impact. *Journal of Retailing, 98*（*4*）*, 611-632.*

Rigby, Darrell.（2011）"The future of shopping." *Harvard Business Review 89.12, 65-76.*

Rodríguez-Torrico, P., Cabezudo, R. S. J., & San-Martín, S.（2017）. Tell me what they are like and I will tell you where they buy. An analysis of omnichannel consumer behavior. *Computers in Human Behavior, 68, 465-471.* doi：10.1016/j.chb.2016.11.064

ロイター（2022）、「加 lululemon、10—12月収益は市場より慎重予想　歳末商戦は好調」、2022年12月9日。（https://jp.reuters.com/article/lululemon-results-idJPL4N32Z0LA）

ロイター（2023）、「加 lululemon、第4四半期見通し下方修正　利益率減少へ」、2023年1月10日。（https://jp.reuters.com/article/lululemon-outlook-idJPKBN2TO1IW）

Shen, X. L., Li, Y. J., Sun, Y., & Wang, N.（2018）. Channel integration quality, perceived fluency and omnichannel service usage：The moderating roles of internal and external usage experience. *Decision Support Systems, 109, 61-73.* doi：10.1016/j.dss.2018.01.006

スタイル日経（2022）、「lululemon、時価総額 H&M 超え　御三家の一角崩す」、2022年4月20日。（https://style.nikkei.com/article/DGXZQOKC247Z90U1A221C2000000/）

The robin report（2022）、「lululemon：Power of Three x 2, The Robin Report Platform」、2022年5月11日。（https://www.therobinreport.com/lululemon-power-of-three-x2/）

WWD JAPAN（2023）、「なぜ lululemon はコロナ下でも急成長できたのか　苦境で光る“誠実経営”【小島健輔リポート】」、2023年1月19日。（https://www.wwdjapan.com/articles/1349428）

WWD JAPAN（2022）、「lululemon」がシューズ市場に参入　ウィメンズ4種類を順次発売」、2022年3月11日。（https://www.wwdjapan.com/articles/1337801）

WWD JAPAN（2022）、「lululemon」がテニスウエアを発売　ショートパンツやスコートをデザイ

ン」、2022年3月25日。(https://www.wwdjapan.com/articles/1344882)
WWD JAPAN (2022)、「lululemon」が初のハイキングコレクションを発売　ビジュアルはLA在住の気鋭写真家が担当」、2022年7月1日。(https://www.wwdjapan.com/articles/1390886)

第Ⅶ章

Barger, V.A., Peltier, J.W. and Schultz, D.E. (2016), Social Media and Consumer Engagement：A Review and Research Agenda, *Journal of Research in Interactive Marketing, 10* (4), 268-287.
Batra, R. and Keller, L, K. (2016), Integrating Marketing Communications：New Findings, New Lessons, and New Ideas, *Journal of Marketing, 80* (6), 122-145.
岸志津江 (2017)「IMC概念を再考する：進化と課題」『マーケティングジャーナル』、*36* (3)、6-22。
近藤公彦・中見真也編 (2019)『オムニチャネルと顧客戦略の現在』千倉書房。
Kotler, P., Armstrong, G., Saunders, J., and Wong, V. (1999), *Principles of marketing*, 8th ed, Prentice Hall College Div.
Kotler, P., Kartajaya, H. and Setiawan, I. (2016), *Marketing 4.0：Moving from Traditional to Digital*, Wiley. (恩藏直人 (監訳)藤井清美 (訳)『コトラーのマーケティング4.0：スマートフォン時代の究極法則』朝日新聞出版、2017年)
Kotler, P. and Stigliano, G. (2018), *Retail 4.0*, MONDADORI ELECTA. (恩藏直人 (監修)高沢亜砂代 (訳)(2020)『コトラーのリテール4.0：デジタルトランスフォーメーション時代の10の法則』朝日新聞出版)
Kotler, P., Pfoertsch, W. and Sponholz, U. (2021), *H2H Marketing：The genesis of Human-to-Human Marketing*, Springer. (鳥山正博 (監訳・解説)石丸由紀・大坂裕子 (訳)(2021)『コトラーのH2Hマーケティング：「人間中心マーケティング」の理論と実践』KADOKAWA)
Kotler, P., Kartajaya, H. and Srtisesn, I. (2022), *Marketing 5.0*, John Wiley and Sons, Inc., Hoboken, New Jersey.
Kumar, V. and Pansari, A. (2016), Competitive Advantage Through Engagement, *Journal of Marketing Research, 53* (4), 497-514.
小野里寧晃 (2023)『リアル店舗を救うのは誰か～今すぐ「店舗スタッフ」にECを任せよ』日経BP。
Payne, M. E., Peltier, W. J., and Barger, A.V. (2017), Omni-Channel Marketing, Integrated Marketing Communications and Consumer Engagement, *Journal of Research in Interactive Marketing, 11* (2), 185-197.
PR Times (2023)、「STAFF START 7周年、流通経由売上1748億円達成！個人での月間最高売上2億6000万円超～アパレル以外も好調！ソニーストアで1投稿の最高売上が圧巻の9489万円を突破～」、2023年10月23日。(https://prtimes.jp/main/html/rd/p/000000169.000010183.html)。

第Ⅷ章

Burke, W.W. (1982). *Organization Development：Principles and Practices*, Boston：Little Brown.
Chang, M. H. & & Harrington, J.E. (2000). "Centralization vs. Decentralization in a Multi Unit Organization：A Computational Mode of a Retail Chain as a Multi-Agent Adaptive System." *Management of science, 46* (11), pp1427-1440.

加護野忠男（1988）、『組織認識論―企業における創造と革新の研究―』、千倉書房。
桑田耕太郎・田尾雅夫（1988）、『組織論』、有斐閣アルマ。
近藤公彦・中見真也（2019）、『オムニチャネルと顧客戦略の現在』、千倉書房。
Lawrence, P. R., & Lorsch, J. W.（1967）. *Organization and environment*：*managing differentiation and integration. Boston,* MA：Harvard university.
Schein, E. H.（1980）. *Organizational Psychology, 3 rd.ed.,* New Jersy：Prentice-Hall.
遠山暁・村田潔・岸眞理子（2016）、『経営情報論』、有斐閣アルマ。

執筆者略歴

近藤公彦（こんどう・きみひこ）

小樽商科大学大学院商学研究科教授

▶編者、まえがき、第1章執筆

編著に『オムニチャネルと顧客戦略の現在』（千倉書房）、『MBAのためのビジネスプランニング手法』（同文舘出版）、『わかる経営学』（日本経済評論社）、訳書にイン『ケース・スタディの方法』（千倉書房）などがある。

中見真也（なかみ・しんや）

神奈川大学経営学部准教授

▶編者、第2章、第5章執筆

編著に『小売DX大全』（日経BP）、『オムニチャネルと顧客戦略の現在』（千倉書房）、共著に『ケースで学ぶ価値共創マーケティングの展開』『ケースブック　価値共創とマーケティング論』（ともに同文舘出版）などがある。

今井紀夫（いまい・のりお）

阪南大学経営学部専任講師

▶第2章執筆

共著に『オムニチャネルと顧客戦略の現在』（千倉書房）がある。

岩井琢磨（いわい・たくま）

株式会社顧客時間共同CEO代表取締役

▶第6章分担執筆

共著に『マーケティングの新しい基本』『世界最先端のマーケティング』『物語戦略』（ともに日経BP）、『イノベーションの競争戦略』（東洋経済新報社）、『ゲーム・チェンジャーの競争戦略』（日本経済新聞出版社）などがある。

圓丸哲麻（えんまる・てつま）

大阪公立大学大学院経営学研究科教授

▶第7章執筆

単著に『百貨店のコミュニケーション戦略』（千倉書房）、『百貨店リテールブランド戦略』（白桃書房）がある。

奥谷孝司（おくたに・たかし）

オイシックス・ラ・大地株式会社専門役員、株式会社顧客時間共同CEO取締役

▶第6章分担執筆

共著に『マーケティングの新しい基本』『世界最先端のマーケティング』（ともに日経BP）がある。

杉田愼一郎（すぎた・しんいちろう）

国際ファッション専門職大学教授

▶第8章執筆

総合商社でリテール向け企画生産、ブランドマーケティング、事業会社の設立・統合・清算など様々な形態のM&A案件を担当後現職。共著に『オムニチャネルと顧客戦略の現在』（千倉書房）がある。

太宰潮（だざい・うしお）

福岡大学商学部教授

▶第3章執筆

主要論文に「サブスクリプション・サービス利用と顧客満足の特性」マーケティングジャーナル 41（3）18-29、「オムニチャネル時代における消費者行動の基本理解――コミュニケーションチャネル利用とエンゲージメント行動に焦点を当てて」マーケティングジャーナル 40（2）42-52（西原彰宏、奥谷孝司、鶴見裕之との共著論文、第一著者）などがある。

西原彰宏（にしはら・あきひろ）

亜細亜大学経営学部准教授

▶第4章執筆

共著に『グラフィック 経営学入門』『グラフィック マーケティング』（ともに新世社）、『オムニチャネルと顧客戦略の現在』（千倉書房）、『ブランド・インキュベーション戦略』（有斐閣）などがある。

ケースブック
オムニチャネルと顧客戦略の現在

2024年4月20日 初版第1刷発行

編著者　近藤公彦／中見真也

発行者　千倉成示
発行所　株式会社 千倉書房
〒104-0031 東京都中央区京橋3-7-1
電話 03-3528-6901（代表）
https://www.chikura.co.jp/

印刷・製本　精文堂印刷株式会社
装丁　米谷豪

ISBN 978-4-8051-1319-6 C3063

乱丁・落丁本はお取り替えいたします